"中国劳模"系列丛书

U0640355

高铁供电"科技达人"：
孙德英

张　睿／著

吉林出版集团股份有限公司
全国百佳图书出版单位

图书在版编目（CIP）数据

高铁供电"科技达人"：孙德英 / 张睿著. -- 长
春：吉林出版集团股份有限公司, 2023.4
（"中国劳模"系列丛书）
ISBN 978-7-5731-3081-5

Ⅰ. ①高… Ⅱ. ①张… Ⅲ. ①孙德英 - 传记 Ⅳ.
①K826.16

中国国家版本馆CIP数据核字（2023）第039605号

GAOTIE GONGDIAN "KEJI DAREN"：SUN DEYING

高铁供电"科技达人"：孙德英

著　　者	张　睿
组稿统筹	东北师范大学文学院创意写作研究中心
撰写指导	余　弓
责任编辑	王丽媛　王　斌
装帧设计	张红霞

出　　版	吉林出版集团股份有限公司
发　　行	吉林出版集团社科图书有限公司
地　　址	吉林省长春市南关区福祉大路5788号　邮编：130118
印　　刷	唐山富达印务有限公司
电　　话	0431-81629711（总编办）
抖 音 号	吉林出版集团社科图书有限公司　37009026326

开　　本	710 mm × 1000 mm　1 / 16
印　　张	9
字　　数	100 千字
版　　次	2023 年 4 月第 1 版
印　　次	2023 年 4 月第 1 次印刷

书　　号	ISBN 978-7-5731-3081-5
定　　价	45.00 元

如有印装质量问题，请与市场营销中心联系调换。0431-81629729

　　劳动创造财富，劳动创造幸福，劳动创造未来。习近平总书记在2020年全国劳动模范和先进工作者表彰大会上的讲话中指出："全社会要崇尚劳动、见贤思齐，加大对劳动模范和先进工作者的宣传力度，讲好劳模故事、讲好劳动故事、讲好工匠故事，弘扬劳动最光荣、劳动最崇高、劳动最伟大、劳动最美丽的社会风尚。"当今世界，综合国力的竞争归根到底是科技人才和高素质劳动者的竞争。改革开放以来，我们强大的工人队伍用辛勤劳动和拼搏奉献推动中国制造、中国智造、中国创造走向世界的前列，新时代的中国面貌日新月异。大力弘扬劳模精神、劳动精神、工匠精神，加强高素质技能人才队伍建设，打造一支宏大的知识型、技能型、创新型劳动者队伍是伟大时代赋予我们的历史责任。

　　劳动模范是民族的精英、人民的楷模，是共和国的功臣。自改革开放以来，广大职工勇立改革潮头，独立自主，奋发图强，勇于创新，其中涌现出一批批全国劳模和大国工匠，他们参与建设了代表中国高度、中国速度、中国深度的一系列重大工程，提升了国家实力，打造了"中国名片"，树立了"中国品牌"，增添了"中国力量"，充分释放出工人阶级的创新活力，展示出大国工匠强大的创造能力。他们以工人阶级的满腔热忱在各自平凡的工作岗位上创造了辉煌的业绩，书写了新时代的壮丽篇章。

爱岗敬业、争创一流、艰苦奋斗、勇于创新、淡泊名利、甘于奉献的劳模精神，崇尚劳动、热爱劳动、辛勤劳动、诚实劳动的劳动精神和执着专注、精益求精、一丝不苟、追求卓越的工匠精神，是广大劳动群众在社会生产实践中锤炼形成的弥足珍贵的精神财富，是工人阶级伟大品格的具体体现，是民族精神和时代精神的生动体现。民族复兴需要劳动模范，祖国强盛需要大国工匠，中国制造、中国智造、中国创造更需要大国工匠的强有力支撑。劳模、工匠等的成长故事、先进事迹中承载的劳模精神、劳动精神和工匠精神，是激励全国各族人民团结奋斗、勇往直前的强大精神力量。

"中国劳模"系列丛书，采用图文结合的方式，讲述全国劳模、大国工匠和先进工作者的成长经历及他们追梦、筑梦、圆梦的故事，用他们在平凡岗位上创造不平凡业绩的真实故事感染读者，形成劳动最光荣、劳动最崇高、劳动最伟大、劳动最美丽的社会风尚，引导广大技术工人和青少年形成劳动光荣、技能宝贵、创造伟大的观念。

"匠心筑梦，强国有我。"新时代是万象更新、生机勃勃的时代，也是一个继往开来、创新创业和建功立业的大时代。希望广大读者能以劳动模范为楷模，以大国工匠为榜样，立志技能报国、技术强国，踔厉奋发，勇毅前行，锤炼思想品格，汲取劳动智慧，勇于担当、勤于钻研、甘于奉献，为推进新型工业化和乡村振兴，加快建设制造强国、质量强国、航天强国、交通强国、网络强国、数字中国、农业强国，为全面建设社会主义现代化国家贡献青春力量。

中华全国总工会副主席（兼）

中国航天科技集团有限公司第一研究院

211厂14车间高凤林班组组长

2022年11月

传主简介

　　孙德英，1970年生，河北河间人，1990年7月参加工作，现任中国铁路北京局集团有限公司天津供电段供电检测车间主任。全国五一劳动奖章获得者。工作三十余年间，孙德英从一名铁路电力工人成长为高级工程师，主研完成二十多项科技、管理成果并获得省部级及以上奖励，撰写的三十多篇论文在国内核心期刊上发表。

　　孙德英出生于农村，勤奋好学，以中考全县第一名的成绩考入北京铁路电气化学校。参加工作后，他吃苦耐劳，踏实肯干，不断吸收新知识，自学计算机编程并考上北京交通大学计算机科学与技术专业。他乐于思考，善于创新，不断革新技术，研发多功能驱鸟器、高压数字验电器等设备，填补行业空白，为铁路安全运行保驾护航。

1996年，孙德英获得北京铁路局"先进生产者"称号；2003—2010年，连续多次被评为北京铁路局"优秀青年工程师"，2007年，被评为铁道部"青年科技拔尖人才"；2010—2022年，10次获得北京铁路局、中国铁路北京局集团有限公司"优秀科技工作者"荣誉称号；2010年，获得"詹天佑铁道科学技术奖"；2016年，获得火车头奖章和"铁路专业技术带头人"称号；2017年，获得全国五一劳动奖章；2022年，获得中国铁路北京局集团有限公司"京铁榜样"称号。

孙德英负责的科技创新工作室多次攻克重大技术难题，2016年被中华全国铁路总工会授予"火车头劳模和工匠人才创新工作室"称号，并荣获"全国质量信得过班组"称号，2021年在中国共产党成立一百周年之际获得"中国铁路党内优质品牌"称号，孙德英进京参加中国国家铁路集团有限公司组织的授牌表彰活动。

目 录

CONTENTS

 第一章 萌芽：顽童生活

河流是平原的孩子，

麦田是土地的孩子，

你在这里出生。

炊烟中，一个未取名的孩子，

你叫枣子，你叫蛋儿，或者梨。

苦的汗，甜的菜，

茫茫的麦浪里，

你在跑——赤裸地、喜悦地。

这是新生的力量。

你来自河流，

你也来自土地。

迟来的名字

　　1970年的11月，一个宁静的初冬日子，在河北省河间县的一个农家小院里，一个男婴呱呱坠地。这里是束城公社大超市大队第八生产队（现为河间市束城镇大超市村，1990年，撤销河间县，设立河间市），历史上此处村风淳朴，集市繁荣，由此得名"大超市"。

　　新生命的诞生总是给人带来无尽喜悦与希冀，然而这个男孩儿却没有得到一个响亮的名字，并不是他的父母目不识丁，也不是他没有得到家人的祝福，而是当地独特的风俗使然。

　　河间坐落于冀中平原，历史悠久。按照这里的风俗，新出生的婴孩都没有大名，男的统统叫蛋儿，女的则都唤为丫儿，直到孩子们即将入学，他们才能拥有一个正式的大名。因此，我们的主人公在五六岁前一直被家人亲昵地唤作"小蛋儿"。

　　与其他娃娃的父亲大多以务农为生不同，小蛋儿的父亲孙永山是乡里难得的高才生，他毕业于沧州师范学院，后被分配到唐山开滦十中教书。在那个交通闭塞的年代，父亲总是与家人聚少离多，只能利用每年的寒暑假回两次河间老家。

　　小蛋儿与母亲张素婷相处的时间，要比父亲长很多。张素婷虽然只上过四年小学，但读书写字没有太多障碍，在嫁给小蛋儿他爹之前，还是村里机磨坊的会计。丈夫因工作不能顾家，张素婷便撑起了家中的一片天，在河间老家，总是她带着小蛋儿下地务农。

小蛋儿出生时，他们居住的村已经不复往日繁华，村中乡亲们也都不富裕，尤其小蛋儿家中更是捉襟见肘。虽然家境贫寒，但父亲的精神世界却从不贫瘠。

在小蛋儿的记忆中，父亲的书桌上常年摆放着各种书籍——大多已经卷边泛黄。每次备课后他就伏在桌上安静地看书，谁都不能打扰。小蛋儿不识字，更看不懂书上的"方块块"，他不明白父亲为何对书籍如此痴迷。由于父亲从不让他乱动那些"宝贝"，书在小蛋儿的心中便成了一种神圣的象征。

一把种子撒在地上，它们便努力向下扎根，汲取养分苗壮成长。冀中大地水土养人，孩子成长起来，也像那破土而出的苗苗，又快又结实。很快小蛋儿便到了上小学的年龄，他终于要有自己的新名字了。

父亲为了给小蛋儿起名颇费了一番功夫。那段时间，他常常翻看冯德英所写的几本战争与现实主义题材的小说，爱不释手，读到感动之处还会仔细圈画，写上感想。在父亲读罢这些感人至深的作品后，小蛋儿也有了他的新名字——孙德英。

起初，小蛋儿并不太喜欢这个新名字。同村男孩儿们的名字里，不是"刚"便是"强"，再不就是"勇"或"杰"，只有他的名字听起来像个女孩儿。小蛋儿经常被调皮的男孩儿们围起来嘻嘻哈哈地捉弄，边喊着"德英"边问："你的小辫子呢？怎么没在头上呢？"德英气得腮帮子鼓得老高，只能愤愤地扭头回家。

父亲见儿子涨红了脸回家，内心十分疑惑，在询问事情原委后，一把将儿子拉到怀里抱在膝上。"小蛋儿，你知道爸爸为什么要给你起这个名字吗？我们国家有位大作家就叫冯德英，他还写过'三花'系列小说呢，现在你还没上学，看不懂他的书，以后你每本都读一读，就知道他有多厉害了。"父亲耐心地解释道。

年幼的德英还没听过冯德英的大名，不知道"三花"究竟是什么，更不理解父亲对他寄予的厚望——德行深厚，含英咀华。他只能眨巴着天真的大眼睛，似懂非懂地点点头，心中想着，既然像大作家那么厉害的人都叫"德英"，那他的名字也没什么不好的。

新名字意味着人生新阶段的开始，德英小小的肩膀上不仅背起了书包，更承担起长子的责任，闲暇时他经常帮助母亲下地务农，照顾更为年幼的弟弟。父亲不在身边的日子里，小蛋儿变成了德英，他努力模仿父亲的样子，支撑起他们共同的家，而父亲给他的名字，也如同最美好的祝福，陪伴他走出了属于自己的精彩人生。

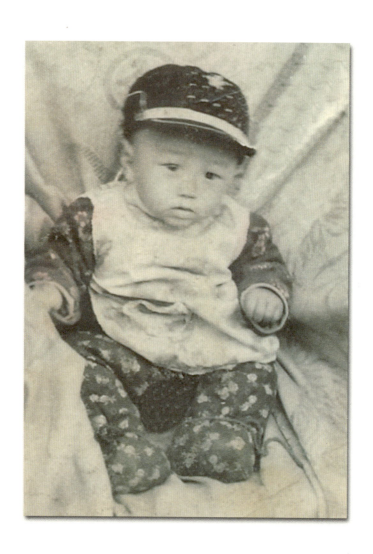

⊙ 孙德英百天照

父亲的来信

信件承载了老一辈人对过往生活的点滴回忆，记录了旧日的美好时光。在孙德英的记忆中，他人生中的第一封信来自父亲孙永山。

1978年，正值麦子即将成熟的时节，空气里飘散着浓郁的麦香。刚放学的德英饥肠辘辘，他无暇欣赏乡间的风景，一路跑着回家，斜挎的军绿色书包被甩在身后。一进家门便看见母亲张素婷正伏在桌上写着什么，德英立刻瞪大眼睛凑近了去瞧。

"我在给你爸爸写信，你有什么想跟爸爸说的？我给你写上。"母亲笑着说。身为教师的父亲远在唐山工作，平日里无法回家。德英与父亲久未见面，自然有一箩筐的话想说。他顾不上咕咕叫的肚子，一屁股坐上炕沿，将最近在学校里、在村里遇到的人和事一股脑儿地说给母亲。

听到德英竟然有这么多话要写给父亲，张素婷便说："你也上学了，学了不少字，要不你自己给爸爸写封信吧。"德英听了母亲的话，不禁一愣，毕竟这个小乡村里，能写信的人没有几个。德英还记得村里经常有人拿着远方亲人寄来的信，找识字的人读，再请求人家帮着回信。在德英印象里，能写信的可都是了

⊙ 1978年，8岁的孙德英

不起的文化人。

母亲竟然让德英给父亲写信，这让他感到既骄傲又有些畏惧。只见母亲轻轻拍了拍德英的后脑勺，将圆珠笔塞到他稚嫩的手心里。在母亲的鼓励下，德英握紧了手中的笔——沉甸甸的，和平时写字用的铅笔头完全不同。

看到儿子可爱而懵懂的模样，张素婷也很好奇——他究竟能写出一封怎样的信来。她将德英拉过来搂在怀里，耐心教授他写信的格式，让他先在已经用完的作业本的反面打草稿，如果遇到不会的字便问。对于陌生的字，她也不会写，就让德英用拼音代替。

为了写好这封信，小德英花了整整三天时间。前两天的时间里，他都用铅笔来打草稿，第三天再用母亲的圆珠笔工工整整地誊抄到信纸上。年仅八岁的小孩子字迹十分稚嫩，却尽力做到了横平竖直，规矩工整。偶尔有一两处笔误，他定用笔工整地涂改，那些痕迹仿佛是在纸上开出的小花，一封写得磕磕绊绊却满怀真情的书信就这样完成了。

亲爱的父亲：

我在学校里表现很好，最近的考试，数学、语文都考了100分。我在学校里听老师的话，没挨老师打。开春的时候，我娘在集上买了两只小羊羔——一公一母，我每天放学后去地里打草回来喂羊，羊吃剩下的就晒干堆在门洞儿里。等到冬天地里没草的时候，我再用干草喂羊。素英的亲戚给她从城里买来了一块香味橡皮，但橡皮让满囤给偷走了，被老师从书包里搜出来了。满囤把橡皮的一个角给吃没了，老师惩罚了他，偷东西是不对的，以后我可不能偷东西。这几天我们老师白天下地干活儿，我们不上课。我帮着我娘去地里浇麦子看畦。最近，我晚上要去学校上课。我用气门芯和墨水瓶做了一个煤油灯，每天吃完晚饭后端着这个新油灯上夜校，墨水瓶盖做成的灯草盖能拧上，再也不怕灯倒洒煤油了。

......

写完信后，德英小心翼翼地将信装进信封，按照母亲教授的方法，规规矩矩地把父亲的收信地址写在信封上，再学着大人的样子将糨糊涂在信封口，将其牢牢粘住，最后，再"啪"的一下将一张邮票贴在信封上。看着这封由自己完成的信件，德英心里感到说不出的开心，仿佛他自己也成了一个"小大人"。他一路高举信件，狂奔着送到了大队部。

一转眼十几天过去了，已经到了收麦子的时间，这是一年中村里最忙碌的时节。德英每天都会像机敏的兔子般竖起耳朵，听着村里的大喇叭广播，等待父亲的名字。因为德英的母亲张素婷是从外村嫁过来的，村里的人便都叫她"永山家的"，父亲每次往家里寄信，收信人一栏也都写他自己的名字。

这一天，德英还是像往常一样放学回家，走过大队部的时候，突然听到了喇叭里传来真切的声音："孙永山、孙永山，上大队拿信来，唐山来信了！"德英停住脚步，跑到喇叭下反复确认，生怕自己听错了，没错！是父亲的信到了！

德英高兴得原地蹦起三尺高，猛跑进大队部里，把信抓在手里就往家跑，也顾不上道谢。他一路奔回家中，母亲去地里收麦子还没回来，德英等不及进屋，干脆坐在屋外的台阶上，撕开信封，掏出信纸，父亲的蓝钢笔字便映入眼帘：

德英：

　　你写的信收到了。你上小学就能自己给我写信，我很高兴，你的信写得很好。我把你写的信给我们班上同学读了，同学们都对你在农村努力学习、帮家里干农活儿，表示称赞。你要好好学习，听你娘的话，听老师的话，只有学习好了，将来才能上大学，当工人，建设国家……

孙德英与父亲许久不见，他触摸着这封自远方寄来的信件，仿佛此刻正与父亲面对面地促膝长谈，令他倍感亲近。父亲的字迹如其人，苍劲有力。父亲不仅督促他好好学习，还在信中表扬了他，在执教班级的同学们面前朗读了他的信。这让孙德英感到十分骄傲。

反复看了几遍父亲的回信，孙德英恋恋不舍地合上，转身进了屋。父亲期许的话语仿佛还萦绕在耳边，他立刻从书包里掏出课本开始写作业。写完作业还不够，他又开始复习老师前一天讲过的课，看完数学看语文，一直到天完全黑下来，已经看不清书上的字了，他才停下。

身为人民教师的父亲在孙德英心中就像威严的高山，更有如远方亮起的灯塔，为他指引航行的方向。这封饱含父亲对孙德英期望的家书帮助他树立了一个朴实而坚定的目标——做一个对国家有贡献的工人。

火烧头发

20世纪70年代，物质生活的贫乏深深地影响着人们的衣食住行。吃不饱，穿不暖，成了一代人成长过程中难以磨灭的艰苦回忆。所谓少年不知愁滋味，在一穷二白的日子里，孩子们仍然能苦中作乐，留下一桩桩童年特有的欢快往事。

在孙德英的记忆中，直到小学五年级前，村中的夜晚一直是黑漆漆、静悄悄的。因为没有通电，家家户户只能用煤油灯来照明，微弱的灯光点缀在沉寂的乡野间，宛如散落在静夜中的萤火虫。

1980年一个安静的冬日里，德英放学后照常和母亲、弟弟一同吃晚饭，接着准备写作业。家中没有单独用作学习的课桌，因此每次德英都要把饭桌放在炕上学习。天色已经漆黑，他将煤油灯放在饭桌上，唰的一下划亮一根火柴，小心地点燃了灯芯。

瞬间，温暖的光笼罩在他的周身，屋里瞬间变得明亮温暖起来。德英顺势铺开课本和习字本，开始认真温习当天的功课。五岁的弟弟很调皮，他蹭到哥哥身边，以同样的姿势趴在饭桌上，两眼紧紧盯着灯芯上跃动的火苗。母亲也坐过来，将一筲箩晒干的棒子（玉米）放在炕上，就着灯光搓棒子粒儿。

德英专注地学习着，丝毫顾不上周身的寒意和身边调皮捣蛋的弟弟。煤油灯的光渐渐地暗了下去，光线变得微弱。德英为了看清楚课本上的字，将灯挪得离自己近些，再近些。谁料一不小心，那油灯的火苗噌地蹿起来，燎着了德英额前的一绺头发，发出噼啪的声音和一阵焦味。

德英吓得赶紧把头缩了回去，用手捂了捂脑袋，确认没有烧伤后，便继续埋头写作业。母亲将一切看在眼里，也没有打扰德英，只是嘴角泛起了欣慰的微笑，继续干手头的活计。

次日，德英早已将头发被火燎了的事情忘到了脑后，大步奔向学校。一进门，同学们的反应却让他有点儿摸不着头脑，他心想：怎么大家都这样看我？我的脸上有东西吗？正当他百思不得其解的时候，老师走进了教室。

老师注意到德英额前有一绺头发短了一截儿，便让他说清事情的原委。当着全班同学的面，老师表扬了孙德英："你们看看，德英脑门儿上的头发有被火燎过的印儿——是昨天晚上学习的时候让灯上的火苗给燎的。德英为什么学习好？因为人家用功！"

听了老师的表扬，德英一时之间有些手足无措，脸蛋儿也红了起来，咧嘴憨憨地笑了。虽然平时德英学习成绩好，但因为天性活泼好动，他没少被老师批评，这还是他第一次被老师如此正式地表扬，他心里别提有多激动了！

小孩子总是格外珍视来自师长的鼓励和肯定——尤其是平时轻易不会夸赞自己的人。此后，德英每天回家学习的时候都动力十足，他比往常更勤奋地看书、写字，功课有了很大的进步。更让人忍俊不禁的是，每天晚上看书的时候，德英总是把头故意伸长些，靠近煤油灯的火苗，直到听见那头发燃烧时噼啪作响的声音才会作罢。

很长一段时间里，孙德英都顶着参差不齐的头发，然而老师却再也没有因此表扬过他。不过他并不气馁，因为他已然养成了每夜读书学习的好习惯，并且坚持到了成年。

在后来的日子里，孙德英家中的灯火从煤油灯变成了白炽灯、日光灯，在冬日里写作业时双手也不再被冻得通红，他也渐渐不再是那个调皮捣蛋的男孩儿，也不再是一心期望得到老师表扬的"笨学生"，但在灯下读书学习的习惯一直陪伴着他，再没有改变。

好奇"害死猫"

1981年，暑假的一天，孙德英的父亲休假回家，他给孩子们带回了一份珍贵的礼物——一个小小的闹钟。闹钟的刻度盘上画着一只灵动的小猫，当上满弦后，小猫的眼珠会随着秒针的转动左右摆动，如同活物一般。

这是孙家的第一个钟表，一家人都感到非常稀奇，围坐在一起观察这崭新的"家庭成员"，新鲜劲儿散去后，父亲将闹钟摆在西屋的躺柜上。后来，德英经常趴在躺柜上盯着闹钟，一看就是半天。

钟表里小猫的眼睛摆来摆去，德英的眼睛也跟着转个不停。他非常好奇：小猫的眼睛怎么会动？表针又怎么会转？在强烈的好奇心与求知欲驱使下，他很想把闹钟拆开看个究竟。

正巧，这一天上午，父母要带弟弟去外村走亲戚，吃完午饭才会回来，留下德英一个人看家。他知道，解密闹钟的机会来了！待父母和弟弟离开后，德英趴在门边望了好一会儿，直到三人的身影消失不见才放下心来。他进屋将门闩小心插好，生怕被人撞见。

为了顺利拆开闹钟，德英进行了周密的准备。前一天晚上他便准备好了钳子、改锥等工具，这些都是平时父亲做活儿时用的，就放在门口的黑匣子中。德英踮脚将小猫闹钟从躺柜上拿下来，把工具和闹钟都放到炕沿上，再搬来凳子坐在炕边。

他小心翼翼地拿起闹钟，仔细查看它前后精巧的结构，先是用手试探着用力，将边框抠了下来。失去表面玻璃的遮挡，闹钟里的三根表针和小猫图案清晰地呈现在德英的眼前。他一鼓作气，又将闹钟背板撬了下来，一时间，闹钟内部的齿轮、发条展露无遗。

要想看清猫眼到底是怎么摆动的，还要拆掉发条。德英用螺丝刀轻轻一撬，只听"哗啦"一声，闹钟内部的发条有如天女散花般弹了出来，吓了他一跳。闹钟里的小猫似乎也受到了惊吓，大眼睛一动不动，瞪着德英。

德英捧起闹钟，近距离观察小猫眼睛的位置，原来其背后连接着两块黑色的长铁片，只要发条下的凸轮转动，两块铁片就会随之左右摆动，看起来就像猫的眼珠在不停地左右摆动一样。

"原来如此！"弄清了闹钟工作原理的德英不由得说道。

然而，当他沉浸在喜悦中时，一束阳光高高照进屋内。"不好！也许爸爸、妈妈和弟弟已经吃完午饭快要回家了。"孙德英立刻将散乱的零件拢到一处，手忙脚乱地收拾残局。时间一分一秒过去，他却怎么也不能把散开的发条按原样装好，眼看着爸爸、妈妈和弟弟就要回来了，他急得满头大汗，如同热锅上的蚂蚁。

忽然，德英心生一计：只要用线绳把发条捆住，再塞回闹钟里，这样外表看起来就没什么问题了。他三下五除二便将乱作一团的发条捆好并塞了回去，又按顺序将其他零件装好，最后再将闹钟放回原位，生怕被父母看出一丝破绽。

果然没过多久他们三人就说说笑笑地回来了，还给德英带回了可口的饭菜，招呼他快点儿吃饭，别饿肚子。德英一边埋头吃饭，一边不时抬头观察父母的脸色，发现两个人谁都没在意躺柜上的闹钟。他不禁暗暗松了一口气，以为自己安然度过了这个小风波，连碗里的饭都觉得更香了。

谁料第二天清早，母亲便发现了异样——闹钟不能上弦了。正蹲在家门口百无聊赖的德英心里咯噔一下，暗自直呼大事不妙。就在这时，邻居家的小伙伴招呼他出去玩儿，他立刻扯着嗓子喊："娘，我出去玩儿了！"说完，便飞也似的从家里逃了出去，连头都不敢回。

后来，还是父亲将闹钟送到集市上让修表师傅修好了，这件事才告一段落。多年后，孙德英已经长大成人，还娶了媳妇，两口子回家探亲时，德英才将这件事原原本本地讲给二老。孙家父母这才恍然大悟，怪不得当年刚买的闹钟突然就坏了呢！

虽然"熊孩子"孙德英不慎弄坏了家里唯一的钟表，但这恰恰也证明了他身上拥有着强烈的好奇心和出色的动手能力。小猫闹钟的插曲埋藏在孙德英的童年回忆中，但这种探索精神并没有随着年龄的增长而消减，反而一直伴随着他走上工作岗位，成为他创新事业的强大动力。

右膝的伤疤

如同雏鹰在学习飞翔过程中会经历无数次的跌落，人在成长中受伤在所难免。那些伤口愈合后留下的疤痕将成为一道道生命的年轮，这也是岁月赋予我们的勋章。在孙德英的右膝上就有这样一道伤疤，那是他读小学一年级时留下的。

　　冀中平原的夏日天气闷热，大地仿佛被罩在一个大蒸笼之中。每逢盛夏，孩子们最爱的集体活动之一就是游泳，村中七八岁的半大孩子基本都会"狗刨"，还能在水面上漂起来，自在极了。村北有一个大水坑，孙德英和伙伴们经常去那里游泳解暑。水坑中有几处较深的地方，孩子们游经时都会小心避开。

　　暑假的一天下午，艳阳高照，孙德英和几个八九岁大的小伙伴在大水坑中游泳，几个四五岁的小孩儿则在水边较浅的位置玩儿沙子。游了几圈后，大家有些疲惫，便纷纷上岸休息。男孩儿们穿着颜色不一但都打着补丁的裤衩，光着膀子，在沙坑边谈天说地。

　　忽然，一声尖叫从不远处传来："救命啊！救命啊！有人掉到深坑子里啦！"大家猛地向身后深坑子的方向望去。果然，在距离岸边十几米处，一个四五岁的孩子正在水中扑腾，显然他还是个没学会游泳的"旱鸭子"。

　　看到有人溺水了，孙德英第一时间大步冲过去，一个猛子向深坑中扎了下去，尽全力游到了溺水孩子的身边。他用左手搂住那个孩子的腋下，身子往后一仰，用右手和脚划水，使出全身的气力把孩子带到岸边。众人目睹一切，无不为德英的勇敢与矫健喝彩。

　　正当大家为救上了溺水孩子而松一口气时，德英腿一软，右膝跪在了埋在沙中的半截玻璃瓶子上。德英顿感刺痛，低头一看，那破裂的瓶口朝上，锋利异常，霎时间，他看到自己的膝盖被划开了一道巨大的口子，鲜血大股地涌出来。德英下意识用双手死死按住伤口，对周围的伙伴大喊："我腿让玻璃拉了！快！快去叫大人！"小伙伴们闻言立刻四下散去，找大人求救。大毛甚至顾不得穿外裤，只穿着一条蓝色的裤衩就往村里孙家的方向跑去。

没过多久，德英的母亲张素婷就赶来了，看到儿子龇牙咧嘴地坐在地上，两手正紧紧按在膝盖上。她急得泪花在眼眶里打转，"这是怎么了？！这拉成什么样啊？让娘看看！"德英蜷缩着身子，低头说："娘，别看了！挺深的，我一松开就更流血了！"张素婷听了更着急了，一把抱起儿子便往大队的卫生所跑去。

不一会儿，正骨医生孙得良先生赶来了。得良先生医术高超，德高望重，乡亲们都很信任他。他让小德英将手松开以便观察伤口，霎时间，血便涌了出来。他用镊子夹着蘸了药水的棉球一边消毒，一边谨慎地观察创面。

"哎呀，拉得挺厉害啊……"先生边看边说。

先生不停地擦拭伤口，德英疼得直哆嗦，但他紧咬牙关，没有叫喊一声，只死死盯着先生的双手，让自己在剧烈的疼痛中保持清醒。德英母亲心疼得边跺脚边流泪，德英心下一惊，双手捏紧拳头，小声问道："那我以后还能走路吗？"

"你还是小孩儿，长得快，只要伤口不感染，问题不大，就是伤口有点儿大，得缝针。"

张素婷听先生这么说，心里仍无法平静。她皱着眉头紧盯着因疼痛而冒着虚汗的儿子。缝针时，细密的针脚反复穿过伤口，每次针扎下去，德英便颤抖一下，母亲的心也跟着揪起来。年仅八岁的男孩儿，瘦小的膝盖上被缝了足足十针，留下一道道狰狞的痕迹。

先生处理完伤口，衣服都湿透了，他一边擦汗一边说："这小子真坚强啊,愣是没喊疼,一般大人都受不了!"德英低下头,没有多说什么。他并没有为救他人导致自己受伤而后悔,只是在心中祈祷,右腿千万要好起来,以后还有许多事情等着自己去做呢!

一整个暑假,德英都因为膝盖受伤不得不闷在家中,这可憋坏了这个活泼好动的淘小子。然而,不能出去玩儿并不是最困扰他的事情,他最苦恼的是开学在即,小伙伴们即将重返校园,他的膝盖却在这时感染了。

看着德英不断渗血的伤口,抚摸着他那无法弯曲的右腿,德英的母亲心疼不已。为了让儿子能更好地康复,她和德英商量着,实在不行开学后德英请几天假,等腿伤好了再去上学。德英闻言,坚决不同意,他一定有办法去学校!

开学前一天,德英请母亲将家中的蒲团垫在了他的右腿下,试着用左脚和两只手撑着地,练习向前蹭着走路。他练了半天,走得虽然慢,但总归是可以尝试着移动了。看着满头大汗的儿子,张素婷心中既心疼又欣慰。

在后来的一段时间里,每天清早,德英就把书包挎在脖子上,将右腿牢牢绑在蒲团上,屁股坐在地上,以稚嫩的双手和左脚撑起身体,一点儿一点儿地朝学校的方向挪去。德英家到学校的距离并不近,他每天往返四次,路程显得更加漫长。德英不但没有退缩,反而以顽强的毅力坚持下来,直到伤口完全愈合才作罢。而这些天内,他从来都没有请过假,更没有因此迟到过。

 第二章　寻路：漫漫求学记

天地间有个小少年，

他有黑黑的头发和明亮的眼。

少年问鸟儿：

要飞多高，才能触摸到星星的脸？

要飞多远，才能知道宇宙的极限？

鸟儿摇摇头，说它也没答案。

少年问鱼儿：

要游多久，才能到达海的那一边？

要游多深，才能潜入海底王国探险？

鱼儿摇摇头，说它也没答案。

少年问自己：

要看多少本书，才能懂得人生的答案？

要行多少里路，才能抵达理想的终点？

鸟儿答：飞翔！就在当前！

鱼儿答：畅游！就在当前！

知耻而后勇

　　1983年11月，孙德英从老家转学到了唐山市的开滦十中。这所始建于1919年的中学有着悠久的历史。孙德英至今还能想起在校园里读书时的情景，校园内的一砖一瓦历历在目，琅琅读书声仍在耳畔萦绕，一切仿佛还是昨天……

　　在老家学校读书时，孙德英一直是班级里的尖子生，各科成绩名列前茅，有如众星捧月，他是老师和同学们心中的种子选手。听到自己即将转学去开滦十中的消息，孙德英的内心既忐忑又激动，他很想见识大城市的生活，也想与那里的同学们比较高下。然而很快，现实就给这只骄傲的"小狮子"兜头盖脸浇了一盆凉水。

　　在来到开滦十中前，孙德英从未想过这里的英语课堂会是什么模样。老家的乡村学校没有专业的英语老师。所谓的英语老师只不过是从民办学校请来的代课老师，他在课堂上最常做的事情就是带领大家一起听磁带录音。孙德英来到新学校才知道，原来在真正的英语课堂上，不仅老师会用英语提问，同学们更要用英语交流。

　　德英在初中一年级结束的时候，还没认全二十六个字母。学习其他课程的时候，他都毫不费力地跟上了班里同学的进度，甚至不少课程的成绩都能进入班级的前列，唯独英语，让他如同"鸭子听雷"般犯了难。

孙德英还记得，初到开滦十中，便赶上了期中考试，看着试卷上蝌蚪一般的英文字母，他简直觉得在看天书，写写画画了许久，没几道题是能看懂的。那次考试他只拿到了可怜巴巴的49分，成了班级里的单科倒数第一。

这在品学兼优的孙德英身上是前所未有的经历。拿到成绩单的那天，德英觉得自己的脸上火辣辣的，仿佛被烈火反复灼烧，那是一种无地自容的羞愧心情。他暗下决心，一定要把英语成绩提上来。

此后，德英把大部分的课余时间都用来学英语。那时候的他劲头十足，每天回到家的第一件事就是打开英语书学习。他从二十六个字母的读音开始学起，遇到读不准的发音，他便将字母一笔一画认真记在本子上，等第二天到学校后，向英语老师求教。老师也很喜欢孙德英好学的品质，耐心地为他指导，从未因他学习进度缓慢而苛待他，更没有不耐烦的时候，还提出在放学后单独给他补习。

经过一个多月披星戴月紧锣密鼓的学习，孙德英的英语成绩有了显著的进步，他不再是那个连二十六个字母都认不全的门外汉了。当每天清晨和午间休息的时候，同学们总是能看见孙德英站在教室的窗户边，双手捧着英语书认真朗读。微风从窗外吹来，孙德英无暇欣赏户外的景色，仿佛要"钻"进课本一般。

⊙ 1983年，孙德英到唐山上初中后拍摄的第一张免冠照

一个十几岁的少年，从乡村来到大城市，这不仅是生活环境的转变，更是人生境遇的转变。人们常说，知耻而后勇。孙德英面临窘境能鼓起勇气迎难而上，足见其骨子里的坚毅。经过刻苦学习，孙德英后来回到河间县，在中考时取得了全县第一名的好成绩，至于那曾经被他视为学习路上"拦路虎"的英语学科，他考取了满分。

发现"秘密基地"

为了支持孙德英的学习，孙永山夫妇决定举家搬迁到唐山市区。由于当时全家只有父亲孙永山是唐山户口，所以不具备分房的资格，举目无亲的一家人只能寄居在一间简陋的工棚里。

1976年，唐山遭遇7.8级大地震，这场灭顶之灾给整座城市带来巨大创伤。孙德英一家"蜗居"的工棚，正是当年辽宁省建筑队伍为支援唐山地震灾区临时搭建的。在震后风雨飘摇的日子里，这座工棚撑起了一片晴空，数年后，它也为初来乍到的孙家撑起了一方天地，提供了一个遮风避雨的栖居之所。

为了将这间简陋的工棚改造为一个小家，孙永山颇费了一番功夫。他用油毡将房顶上许多处露天的窟窿堵住，又牢牢地压上了砖头；在屋里，他又用砖垒起了几个半米高的垛子，上面盖上了从木材厂找来的木板，就这样拼成了一张简易的大床。家中唯一的家具，便是用做床板剩下的木料打的一只箱子，外面糊上一层层报纸，里面装些四时的衣物。除此之外，在这"家徒四壁"的小家中，唯一温暖的便是屋内的砖炉子，平时用来生火做饭，冬天里，家人们便围炉取暖。虽然生活艰辛，一家人互相依偎着，日子过得也算温馨热闹。

由于家中条件有限，孙德英没有独立的学习空间，而在校园中，课间的教室又总是人声鼎沸。孙德英渴望能找到一个安静的空间专注学习。经过一番悉心探索，他在校园中发现了一个"秘密基地"——操场边一座废弃的抗震简易房。

和孙德英家住的工棚一样，这座简易房也是地震后的产物。在岁月的侵蚀下，它的面貌早已不复往昔，能拆除的建筑材料已经被尽数拆走，只留下了一方方猩红的砖块裸露在外。在旁人眼里，这只是一处废弃的房子，但对于孙德英来说如同新大陆一般——再也没有比这里更理想的学习场所了！

他手脚麻利地将这房子中的杂草和碎砖头都清理干净，又找来一些完整的砖块为自己搭了一个方形的台子，把它作为学习用的桌子。德英坐在这简陋的房间中，俯仰之间，他的心中产生了一种畅快之感，他感到自己与自然之风亲密接触，更与书本中的知识拉近了距离。此后，这里就成了他独享的自习室。

如同武林高手在参透武功秘籍之前，总要到高山险境中闭关修炼一般，孙德英也在他的自习室中修炼了自己的"武功"。通过勤奋学习，孙德英的英语成绩如有神助，进步飞快。等到第一个学期结束的时候，他的成绩已经从班级的倒数几名飞快地蹿升

⊙ 1982年，孙德英（前排右一）与家人拍摄全家福（摄于唐山）

到班级中上水平。而这间专属自习室也一直陪伴着他到初中毕业。在这里，他旁若无人、孜孜不倦地汲取课本上的知识，在知识的海洋中畅游，度过了快乐的初中时期。

心"铃"手巧

唐山市矿产资源丰富，开发历史悠久，拥有众多矿场。读初中时，孙德英便在唐山开滦矿区生活过，在他的记忆中，矿区里高耸的井架错落排列，运输车往来密集，工人和家属人来人往，呈现出一片欣欣向荣的繁忙景象。

在初中二年级的物理课堂上，老师声情并茂地讲解了电流的磁效应。孙德英第一次知道，原来电铃的工作原理就是电流的磁效应。如果能亲手制作一个电铃，听听那清脆的声音，该是多么奇妙的一件事。

有了这样的念头后，孙德英留心起了身边可利用的资源。他发现矿区机电科旁边的垃圾池内堆满了各色废弃的电子元件和工业余料，其中有不少可以用作电铃的材料。很快，他就在垃圾堆中淘到了许多"宝贝"：木板、螺丝钉、漆包线、铁片……

要制作电铃，光有这些材料是不够的，更为关键的是电池和开关，而且电池是无法在垃圾堆中捡到的。那时物质条件并不丰富，人们的生活也很节俭，手电筒、收音机当中的电池耗尽电，人们才舍得扔。常言道"一文钱难倒英雄汉",一节崭新的一号电池三毛八分钱,可孙德英身上一毛钱都没有。

孙家只有父亲孙永山一人有正式工作,每个月几十元的工资要养活家里四口人,孙德英实在无法开口向父母要钱。那时,孙德英每天早上到开滦矿区食堂吃饭,母亲每天给他二两细粮票买馒头,五分钱的食堂专用票买豆腐脑。孙德英想着,只要饿几个早上,用省下来的钱便可以买电池了。在熬过了一周多饥肠辘辘的早晨后,他终于攒够了四毛钱。

不过,他如果想买电池,就要到食堂售票窗口把食堂专用票换成真钱。毕竟这些票是孙德英背着父母偷偷攒下来的,他难免有种心虚的感觉。为了能顺利换到钱,他甚至提前编了一些听起来比较靠谱的理由,以免被售票员怀疑。

这天中午放学后,德英鼓起勇气走到了矿区食堂的售票窗口,一咬牙将捋得整整齐齐的八张五分面值的食堂专用票递进了窗口。

"阿姨,你把这四毛钱的票退了吧。"

"你为啥要退票?不在这儿吃啦?"

"我爸让我跑腿换钱,家里买东西要用钱。"

售票员看着半大小子拿着票来换钱,难免狐疑,多问了几句,所幸几张票不是大钱,她也就帮忙换了。德英看着窗口中递过来的两张两毛钱,他的心跳犹如鼓擂,耳膜都鼓胀了一下。他压抑着内心的激动,强装镇定接过钱揣进了裤子口袋中,转身走出了食堂。

　　一出门，他便一蹦一跳地跑到了路边，从书包中拿出书本来，小心翼翼地将那来之不易的两张纸币夹了进去，仿佛对待珍宝一般，一路小跑着回家吃午饭。当天午饭过后，上学的半路，德英就迫不及待去百货商店买了一节一号电池。

　　解决了电池问题后，他还需要准备做电铃的最后一件物品——一个控制电流的开关。在开滦矿区的众多矿井中，有一处废弃已久的通风井洞。德英记得那黑漆漆的洞口正好有一个控制门灯的黑色的墙壁开关。一个星期天早晨，他直奔这个风井口，拿出准备好的工具开始了自己的"作业"。

　　孙德英先观察了一下开关的老化程度，随后掏出螺丝刀拧下了固定用的螺丝钉，开关直接从墙壁上掉了下来，只剩凹槽处还连着两根导线。胜利在望，不料他带的螺丝刀太大了，无法顺利卸下导线，他急得满头冒汗，干脆直接上手将导线往下拽。可还没等孙德英发力，突然，他感到右手像被什么东西狠狠地咬了一口！他痛得大叫了一声，飞快地甩开了手里的导线。

　　霎时间，他的右胳膊产生了一种强烈的酸痛感，有如被亿万只蚂蚁爬过并啮噬着。这时候他才后知后觉，自己竟然触电了！他没有想到，这废弃已久的风井口竟然还在通电！他再不敢贸然动手，悻悻地跑回家中取来了钳子，剪断电线，还不忘将裸露的电线塞进线槽深处，以免他人受伤。

　　经过了十多天的艰难准备，所有的制作材料终于齐全了。德英在学校操场的"秘密基地"中将它们一字排开，挨个组装起来。又经过两个中午和一个半天的努力，一个简陋的电铃终于制作完成了。孙德英按下开关，当那清脆的电铃声响起时，他觉得一切的辛苦都值得了！

那次做电铃的经历给孙德英留下了深刻的印象，直到正式成为电力工人，他一直遵循着这样一条工作准则——对不熟悉的设备绝对不动，未确认断电前，一律要按照有电来对待所有的电器。唯有时时谨慎，电力工人才能在保护自身安全的同时圆满完成工作。

"跳农门"

1986年的夏日，艳阳当空，暑气蒸腾。对于时年十六岁的孙德英而言，这个燥热的夏天有着他难忘的中考记忆，同时他也面临着人生的岔路口——一边是梦想中的康庄大道，另一边则是意料之外的漫长旅途。一场艰难的抉择就此展开。

自从1983年11月转学到开滦十中后，作为冲击重点高中的"种子"，孙德英一直保持着优异的成绩，他的目标是考上唐山一中，未来再考上一所名牌大学。然而，命运却常常喜欢与人开玩笑。

虽然孙德英能够在开滦十中读书，享受优质的教育资源，但由于他的户口在河间县，因此，他在中考时不能报考位于城区的唐山一中。父亲孙永山为了给儿子争取机会，曾经奔走多方咨询，希望能得到期待的答复。可惜最终孙德英只能回到户口所在地河间县参加中考，未来也只能就读于河间县的高中。

得知这一消息，孙德英一时如坠冰窟，手脚冰凉。他清楚地知道，河间县的高中的高考升学率无法与唐山一中相比，即使自己就读于全县最好的中学，未来恐怕也难以考上理想的大学。但事已成定局，德英只能低头认命。

不过，孙德英还有一条出路，那就是上中专。考上了中专之后，他便可以顺理成章地"农转非"了。"农转非"就是从农业户口转为非农业户口，在当时又被人们称为"跳农门"。原来只有考大学这一座独木桥可走，但随着新政策的出台，另一条捷径出现了。

孙永山夫妇认为儿子赶上了好政策，孙德英如果考上了中专，不仅免学费，还能迁户口，分配到工作，以后就是吃公家饭的人了，这简直是天大的好事！但孙德英本人并不那么高兴，一直以来他心心念念的都是成为大学生，他从来没想过考中专。一时，他难以接受这种落差。

临近报考，孙永山夫妇见到儿子依旧闷闷不乐，两个人便开始轮流做儿子的思想工作。孙德英现在已经无法报考唐山一中，如若退而求其次，就读于河间县的高中，那么未来三年的高中学习质量是无法得到保障的。谁又能预料未来是好是坏呢？万一以后他考不上大学，那可就彻底没有了退路，真的要回家过那种面朝黄土背朝天的生活了。

听了父母的话，孙德英原本摇摆的态度也发生了变化。父母说的话不无道理,眼下先解决了"农转非"的户口问题,将来中专毕业了,他还是可以再考大学的。就这样,尽管心有不甘,他还是选择了报考中专。

在填报志愿的时候,孙德英回想起自童年以来的种种经历,尤其是做电铃。它仿佛显示出孙德英与电有着不解之缘。最终,孙德英填报了北京铁路电气化学校。

1986年中考前夕,孙德英转学回到了久违的家乡,走进了中考考场。窗外蝉鸣阵阵,而室内伏案的少男少女正奋笔疾书。孙德英坐在教室中平心静气,将脑海中的杂念统统清除,专心致志地完成了每套试卷的作答。

对于自己的成绩,孙德英是成竹在胸的。三年的苦读不会白费,那些在自己"秘密基地"中挥洒的汗水终于有了回报,他取得了全县中考第一名的好成绩。孙德英难掩内心的喜悦,父母同样为他感到骄傲。作为一个在农村长大的孩子,孙德英希望自己能奋力一跃,跳过"农门",走上不同于祖祖辈辈的另一条道路。

由于成绩优异,孙德英如愿被北京铁路电气化学校录取。收到通知书的那天,全家上下无不欢欣鼓舞,他不仅是家中第一个去北京上学的孩子,更是全村第一个呢!消息很快传到村中每个人的耳中,在当时全县成千上万的学子中,能有几百个人考上中专已实属不易。村民无不称赞:"永山家的孩子真是有出息,要去北京上大学了!"

不过,这话传到孙德英耳中完全是另一番滋味。村中人显然

⊙ 1986年，孙德英（二排左四）在开滦十中的毕业留影

不清楚中专和大学的区别，将二者混为一谈。但孙德英一想到自己没能考大学，心中就有如揣着一块烙铁，怎么都不得安生。不过，即便再不甘愿，看着写有"孙德英"三个字的录取通知书，他已经不能反悔。

父亲亲自去县里帮孙德英办理迁户口等事务，还要办理粮食关系，一时之间忙得不亦乐乎。而孙德英也明白，一切已经尘埃落定，没有转圜的余地。不过，未来的风景谁又能预料呢？等待他的，也许正是一片更为广阔的天地。

走，上京去！

慈母手中线，游子身上衣。在儿子临行的前夜，张素婷在灯下再次仔细帮即将远行的儿子整理行装。明天，就是十六岁的孙德英出发去北京上学的日子。

接到录取通知书的日子仿佛还是昨天，孙德英的心中难掩激动，同时也充盈着焦灼与忐忑，毕竟这是他第一次单独去如此远的地方，目的地更是全国人民都向往的首都。

母亲给孙德英准备了一床新被褥和一身棉袄棉裤，又买了一身当时正流行的蓝底带白条的腈纶运动衣，此外，还有他常穿的几身衣裳和爱读的几本书。每样东西看起来都不多，但是全部装起来又着实不少，除了一个提包外，还有一个红白花图案的大包袱。

母亲告诉他，这包袱是用她结婚时铺床的红白花毯子做的。夜里，睡不着的孙德英爬起来轻轻地抚摸着包袱，仿佛触摸到了属于父母二人的青春岁月。借着照进屋里的月光，孙德英将包袱往肩上一抡，在地上走来走去。父亲孙永山在德英开学前便回到唐山工作了，明天只有母亲为他送行，他要提前演练一番，不能让母亲受累。

第二天天还没亮，母亲便用自行车驮着孙德英和他的大包小裹出发了。两人到达几公里外镇子上的车站，在那里等待清晨四点前往北京的长途汽车。孙德英至今还记得临行前的场景，随着汽车驶离站台，他隔着车窗望向外面，母亲的身影在他模糊的视线中逐渐远去。

一种孤独感油然而生，德英在心中暗想："自此之后，未来的路就要靠自己去走了。"

长途汽车行驶到北京时已经接近中午，到了永定门汽车站，他还需要坐公交车去西直门，再步行至西直门火车站。孙德英背着大包袱随着人潮挤上了车，眼前的一切繁华而新鲜，然而他却顾不得欣赏车窗外飞逝的首都风景。

汽车行驶过天安门广场的时候，他猛地抬头，正好看见了天安门城楼和城楼上挂着的毛主席像，一时间，振奋又激动的心情使他全然忘记了自己身处拥挤的公交车上。他直接用河间话喊道："娘欸，毛主席！"车上的人齐刷刷地扭头看着这个黑瘦的愣头儿青。

孙德英这才反应过来，边挠头边低头不好意思地笑了。公交车走走停停，终于到了西直门。

孙德英下了车，抬头看了看远去的公交车，心想：自己这就到北京了？他还是不太能适应眼前这繁华而忙碌的城市。北京铁路电气化学校当时坐落于昌平县（1999年撤销昌平县，设立昌平区）南口镇。要到达那里，还有很长的一段路程。

到了西直门火车站买好火车票后，他捏着票随便找了个地方坐下，将包袱卸下来放在脚边，心里若有所思。当初填报志愿的时候，自己一心想着到北京读书，以为名字带"北京"的学校就都是在北京城里的，谁料想，这所名字里有"北京"二字的学校其实离北京城区很远，路程足足有一个多小时！

孙德英看着火车站的人潮，心中倍感迷茫，一时他竟然产生了一个大胆的想法——干脆不去报到了，回老家去上高中得了！好在他尚有一丝理智，心中的另一个声音提醒他，如果这次不去报到，那就意味着放弃了好不容易争取来的"农转非"名额，未来三年的河间高中生活也难以预料。一旦考不上大学，自己就永远要做农民了。

他猛地甩甩头，像是要将这些乱七八糟的想法甩出去，让困惑的心明朗起来。谁也不能知晓，在偌大的火车站的小角落里，一个十六岁的少年心中正进行着何其激烈的交战。

正当孙德英踌躇痛苦之际，候车室中的旅客多了起来，很多是在南口上班和居住的人，其中，也有许多和他一样去南口报到的新生。他们都准备乘坐这趟傍晚的火车去南口。两个坐在孙德

⊙ 1986年秋，孙德英（前排右一）与同学和军训教官（前排中）在军训
　结束后去北海公园游玩

英身边的乘客是南口本地人，他们看着来往的学生打开了话匣子，一些带着孩子去报到的家长闻言也凑了过来，聊起了各自的经历。

孙德英虽然没有参与其中，却也竖起了耳朵聚精会神地听。原来，这些新生家长也面临同样的抉择，自家的孩子成绩很好，但是为了拿到城市户口放弃了重点高中，转而来读中专。南口本地人宽慰家长说："千万别上火！那学校的学生毕业了就能进铁路单位，端上铁饭碗，它比有的大学不知道好多少倍。而且就算你们的孩子想读大学，以后工作了也是一样可以读的嘛！"

学生家长听了连连点头。孙德英在旁边一字不落地听着，心里也倍感安慰。同样的话，虽然家中父母也对自己说过，但还是不如外人，尤其是南口本地人说来更具有说服力。孙德英将心放在肚子里，决定去报到。

他至今还记得那位父亲鼓励孩子的话："有没有出息关键看自己，只要努力，上中专一样能够有所作为。"就这样，披着夕阳的余晖，背着大包袱的孙德英踏上了从西直门开往南口镇的火车。

信封与粮票

　　北京铁路电气化学校派了几辆解放牌卡车等在火车站外，专门迎接从外地来的新生。老师们热情地举着印有校名的牌子，有的学长热情地帮助新生往车上拿行李。孙德英一边道谢，一边随着同校的学生登上卡车，迈向了一段未知的青春旅程。

　　当卡车驶入校园的时候，天已经彻底黑下来。孙德英抱着自己的大包袱坐在车上，周围都是一道来的新生，他不停向四处张望，希望能从氤氲的夜色中看清校园的环境。

　　汽车开到礼堂后，所有人下车，学生按照专业报到，家长提着行李紧随其后。这时孙德英才意识到，自己是唯一没有家长送行的新生。看着其他同学和父母说说笑笑，孙德英也没感到孤独，他身后扛的包裹暖乎乎的，满载着父母的爱。

　　孙德英临行前，还未离家的父亲特意到集上用河北省粮票换了五十斤全国粮票，又拿出四十元钱，把钱和粮票用一个旧信封装好，让母亲给孙德英在一条裤衩上缝了个口袋，把装着粮票和钱的信封塞进去，并一再嘱咐他千万别丢了。这钱是父母的辛苦积蓄，孙德英紧了紧身上的包袱，暗下决心，一定不能辜负父母的期许。

⊙ 上图　孙德英（左一）就读北京铁路电气化学校期间，周末与同学在天安门广场合影留念

⊙ 下图　孙德英（最后排右一）与同班同学在北京铁路电气化学校里合影

次日，安顿好后，孙德英第一件事便是给在老家的母亲写信，告诉她来学校的路上一切顺利，已经到学校报到，学校、老师、同学一切都好。他也对学校很满意，会踏踏实实地上中专，不再想上大学的事了，让她不要惦记。

十来天后，母亲回信了，信里写满了对他的叮嘱，信封中还装了十元钱。孙德英知道，这是母亲担心自己在学校吃不饱饭。学校规定每个新生换三十元的食堂饭票，孙德英换完饭票后，只剩下二十元了。

因为有三十元的食堂饭票，再加上手里的二十元钱，在学校的第一个月过去后，他还剩了将近十块钱。为了给父母省些钱，孙德英和家里商量，以后家里每月只需要汇三十元钱，这些钱再加上学校发的奖学金和伙食补贴，足够一个月的花销了。

在学校里学习生活不久后，孙德英就体会到了所谓"农转非"的好处。以前在唐山生活的时候，家中只有孙永山一人做教师，每个月只能得到定量的粮票，四口人的生活捉襟见肘，粮食总是不够，父亲常常要为粮票的事情发愁，东奔西走只为从他人手中买到粮票和议价粮。

而现在，转成城市户口到北京上学的孙德英也能为家里做贡献了。孙德英在学校里主要吃面食，将米票省下来，一直攒到期末放假前，将这些米票换成大米，带回唐山老家弥补口粮的不足。

除了物质条件的改善，在北京读中专同样给孙德英的人生带来了其他方面的启迪。同学们来自五湖四海，操着不同的方言，孙德英也领略了多样的地域文化。学校的课业兼具专业性和实践性，让他在电气自动化专业方面打下了坚实的基础。

孙德英时常想，如果当初自己没有踏上那辆从西直门开往南口的火车，自己的人生又会如何？不过，人生没有如果，自从入学后，他便只顾一路向前，未来还会有更广阔的风景等待着这位青年。

⊙ 孙德英（前排左二）在北京铁路电气化学校宿舍里和同学合影

⊙ 在北京铁路电气化学校上学期间，孙德英在长城上留影

 第三章　开路：初到电力岗

生活的味道是什么？

是豆腐的醇香，是菜芽的清甜，

是美酒的微苦，还是清泉的回甘？

理想的样子是什么？

是厚重的书本，是深夜的灯盏，

是疲惫的身躯，还是流淌的汗？

选择了苦，得到了甜；

坚持理想，收获了笑脸。

豆腐就咸菜

1990年的夏天对于孙德英来说是无比难忘的。这一年，他从母校北京铁路电气化学校毕业，被分配到天津铁路分局古冶水电段卢龙电力工区。在此之前，他从未听过"卢龙"这个名字，对有关它的一切更是一无所知。

卢龙站是一座坐落于燕山南麓、京秦线上的四等小站，位于秦皇岛以西一百公里、一片丘陵沟壑遍布的贫瘠土地上。孙德英的新单位便在卢龙站旁的寂静小院当中。到工区报到后不久，孙德英领到了参加工作后的第一套电工工具、安全帽和一身工作服。

领到工作服的那一刻，孙德英的内心激动不已，他很想立刻穿上，但身边都是新同事，他实在不好意思，只能反复摩挲着工服，再整齐地叠好放到宿舍的床上。好不容易等到晚上吃完饭，孙德英一回到宿舍便迫不及待将工作服穿上身。穿好后，他叉着腰在镜子前转了一圈，感觉似乎还缺了点儿什么。忽然，他一拍脑门儿，捡起地上的电工工具麻利地在腰间束好，再背上工具袋，戴上安全帽。这下穿戴总算齐了，他神气地在屋里大摇大摆地来回走了好几趟。

卢龙电力是当时天津铁路分局最偏远的班组，距离卢龙县城有二十余华里，周围是丘陵、农田和村庄，在卢龙火车站每天仅有两趟慢车停靠。当时，孙德英的父母住在唐山，他每次休息到唐山，需要乘近五个小时的火车。20世纪80年代还是六天工作制，休息时间宝贵，因此孙德英选择每半个月回家一次。

卢龙电力工区其他十位同事的家距离单位也都较远，所以工作日他们也都住在工区。平日里，孙德英和工友们一起工作，一起吃饭，说说笑笑，亲密无间，日子过得还算热闹，但工区生活中一直有道难题横在这群小伙子面前，那便是买菜做饭。由于卢龙电力工区过于偏远，周围不仅没有集中的菜市场，甚至连卖菜的摊贩也寥寥无几。

为解决整个工区人员的伙食问题，他们只能每隔五天去县城集市采买食物，并一次性将接下来五天的口粮备齐。虽然他们可以定期采买，但如何在没有任何储藏工具的情况下，妥善保存这些"战利品"，仍旧是无解的难题。

夏天的卢龙闷热难耐，蔬菜在常温下根本留存不住。看着一天天发霉烂掉的口粮，工友们无不心疼。众人合计下次少买一点儿。到真正实行这个办法的时候，他们又发现，采购量减少确实杜绝了浪费问题，但那少得可怜的蔬菜最多只够大伙儿吃两三天，剩余几天大家还是只能米饭就水，将就吃喝。

所幸，当地以豆腐闻名，虽然他们吃不上绿叶菜，但豆腐小贩的叫卖声却不断回响在单位附近，豆腐逐渐成为饭桌上的一道佳肴。人在不能改变环境时，只能去适应环境。如何将豆腐烧得好吃成为大家苦中作乐的一个"课题"。平时掌勺的老马同志就此食材，苦心钻研，逐渐磨炼做豆腐菜的技艺，确实得到了众人的喝彩，大家不禁称他为"豆腐名厨"。

不过，偶尔吃一两顿豆腐倒也还行，若是每天三顿以豆腐为主，即使将其做成不同的口味，这些菜吃起来也同啮檗吞针一般。孙德英和同事们却又不敢嫌弃豆腐宴，因为若是碰到雨天，卖豆腐的小贩不来，就连这"黄檗""细针"也没得吃，他们只能吃咸菜！

1991年的10月，卢龙正经历换季，天气极度不稳定，突降骤雨是常有之事。这天，从凌晨就开始下雨，片刻也不停歇，小贩自知这种天气出摊生意必然不好，就干脆在家休息一天，这可苦了久久伫立在单位门口的老马同志。他苦站一天，一无所获。晚上，孙德英和他的工友们下工回到单位，米饭就咸菜成为晚饭的唯一选项。

当时，秋季大面积检修工作正如火如荼地开展着，时间紧任务重，加上孙德英所在工区的交通异常不便，翌日清晨六点，他们一行几人又前往工地去作业了。这一忙就到了晚上，回到单位，众人拖着疲惫的身躯，饥肠辘辘地走向食堂。昨晚的粗茶淡饭再加上当天中午因为忙碌滴水未进，此时做饭的老马仿佛看到了一群嗷嗷待哺的狼崽向他走来。

"哈哈，大家快来吃饭了，我做了一桌子好菜！"

话音未落，众人发出的欢呼声瞬间淹没了老马的吆喝，大家纷纷落座，带着一天的疲倦狼吞虎咽地吃了起来，有如风卷残云一般，饭菜很快见了底。工作多年至今，孙德英还能回忆起来，有时还会不禁向同事炫耀那天的一桌"盛宴"。但每有同事听完，都会尴尬地笑笑以作回应。

其实所谓"盛宴""好菜"，哪里好呢？不过是豆腐的各种做法——小葱拌豆腐、炖豆腐、麻辣豆腐、炒豆腐、煎豆腐，这些菜若是放到现在，不过是平淡无奇的家常菜。但在那个艰苦的时期，一桌浸透着老马同志满满心意的豆腐菜已经是他们日常食物中的极品了。即便时光流逝，孙德英至今仍能记得当时浓厚的豆腐味道——萦绕舌尖，铭刻在心。

水箱里的大老鼠

孙德英初到卢龙电力工区工作，虽然工作地偏远僻静，但一切都因新鲜而显得有趣。随着时间的流逝，工作以及生活环境中的种种弊端都显现出来了。饮食上的短缺还可以用偶尔的"豆腐盛宴"弥补，真正难倒大家的还是饮用水的紧张。尤其是经历了"水箱老鼠"事件后，孙德英原本平静的内心掀起了汹涌的波涛。

在卢龙这个四等小站，工区实行早中晚三次定时供水，每次一个半小时。春秋两季设备维修的时候，工人们在外风吹日晒忙了一整天，回到工区后都希望冲上个热水澡，洗去一天的疲劳，可这时候却处于停水时间段，存下的水还得用来做饭，省着用也只够一两个人洗澡。工区里居住的大多是二十多岁的小伙子，大家都希望自己干干净净、风度翩翩，可面对有限的水资源，大家互相谦让，从不争抢。五六个人一连十来天也洗不上澡的情况时有发生。

除了洗澡有困难，站里有时喝水也成问题。若某天不慎把备用水用完，整个单位的人都没水喝。孙德英清晰地记得，那是1991年12月的一天，由于当天外出作业任务繁重，回到工区时，大伙儿已错过了晚间自来水的供应时间，备用水不巧也被用光了。众人只能拖着满是汗水和灰尘的身躯，回到宿舍休息。

到了半夜时分，整个下午滴水未进的孙德英被渴醒了，他下意识从床上爬起来拧开水龙头，却一滴水也没看到。一时情急，孙德英突然想起工区土暖气上的水箱里有水，他摸黑踩着凳子爬上去，果然看到水箱中装着满满的水。孙德英大喜过望，如同沙漠中行走的人发现了绿洲，随手捡起桌上的碗舀起一碗水，大口喝了起来。

次日清晨醒来，孙德英猛然想起昨天半夜喝水时，借着昏暗的灯光，模模糊糊地看见水箱里有一团棉花浮在水上，担心那棉花堵住水管。孙德英立刻爬上去想要将其捞出来，可趴在水箱上定睛一看，眼前的场景却让他大惊失色。水箱里哪有什么棉花！分明是一只大死耗子漂在水箱里！瞬时，他干哕不止，强忍恶心，捏住老鼠尾巴将其捞出来扔掉了。

转身进屋，孙德英将双手打满肥皂，一遍遍地用力搓洗，想要洗去那种恶心的触感。看着眼前哗哗的流水，又想到昨天夜里自己干渴醒来的情景，孙德英陷入了长久的沉默。他想，自己作为一个尖子生，不可谓没有才华。其他同学有的去了北京、武汉等大城市上大学，自己却窝在这个荒野小站做电力工人，这样的选择真的正确吗？

后悔的感觉一时充斥了孙德英的内心，他变得迷茫，工作时也不再轻快地哼歌。好在这样低落的情绪并没有持续太久，一次和工区同事高师傅的谈话，彻底改变了孙德英的想法。

高师傅叫高建武，是一名复转军人，也是当时卢龙电力工区唯一的共产党员，同事们平时都称他为高师傅。1992年春节值班期间，孙德英与高师傅坐在一起，边喝茶边闲聊。谈及过往生活经历，高建武向孙德英娓娓道来。1983年，他转业到铁路单位，在单位安排工作时，他主动放弃了留在唐山工作的机会，来到卢龙电力工区，并且在当地娶妻生子。

这样的选择在当时迷茫的孙德英看来是难以理解的。由于卢龙电力工区位置偏远，这里的职工大都想尽快调走，劳动纪律涣散。但高建武始终规规矩矩，从不迟到早退，工作上也一直兢兢业业、出类拔萃。孙德英问高师傅："您为什么能做到如此无怨无悔？"

高建武的回答掷地有声："因为我是共产党员。"

这话虽然简洁，却给了孙德英极大的触动。那一刻，他第一次感到"党员"不仅仅是一种身份，更是一种责任、一种奉献、一种态度，高建武便是出现在孙德英身边实实在在的榜样。在那之后不久，孙德英就向车间党支部递交了入党申请书。

后来，高建武被选为工长，在他的带领下，卢龙电力这个"山高皇帝远，干啥没人管"的落后班组，逐步成了段、局"先进班组"，局"青年文明号"。而孙德英也一直记着高师傅对他说过的那句话："不脚踏实地，啥也干不好！干一行爱一行，是金子总会发光的。"经过一段时间和工区同事们一起工作生活，尤其是在工长高师傅的影响下，孙德英坚定了留在工区踏踏实实做一名电力工人的想法。

深夜来电

由于卢龙站地处偏远，电视信号不好，没有几个能看清的电视台，工人们的业余生活格外枯燥。孙德英自幼养成了看书的习惯，业余时间，他总是与书为伴。业精于勤，荒于嬉。到了晚上夜深人静的时候，孙德英就借着灯光在工区研究电力设备，对照图纸熟悉工区的供电线路，勤加练习，提高自己的电工操作技能。

每次检修作业，孙德英总是抢着干最复杂的活计。在工作中遇到疑难的问题时，他从不会碍于面子不肯提问，而是积极向经验丰富的老师傅请教。在日复一日的勤奋学习下，仅用了半年的时间，孙德英就对工区的设备如数家珍，很多关键设备的检修和故障处理主力都变成了他。

鉴于孙德英出色的表现,工区决定任命他为工作执行人。作为执行人,他负责制订每次的作业计划、分配检修任务,并带领同事进行检修、抢修作业。刚刚接到任命的时候,孙德英的内心既激动又忐忑:激动的是,自己努力刻苦地钻研业务得到了回报;而忐忑的是,老工人们能够信服自己这个刚参加工作的"毛头小子"吗?

初期,同事们的表现的确如孙德英担忧的那样。有些老师傅对他这个新人有看法。他们做了十多年工作,凭什么要听一个初出茅庐的年轻人安排?人不服气的时候,做起工作来难免气不顺。每当孙德英安排检修任务时,他经常会遇到个别老同志不听安排的情况。

然而,孙德英也并不气恼,他知道年龄不是问题的关键,老师傅们实际上是对他的业务能力表示怀疑。此后,孙德英将一系列高难度的工作都留给自己,例如调整隔离开关间隙、电缆头遥测等检修作业。这些作业的技术性强、作业过程复杂、工作强度大,每当到了作业前一晚,孙德英都提前在宿舍自己模拟作业,牢记各种检修参数,确保第二天作业能够顺利完成。他总是一个人承担两三个人的工作量,久而久之,老师傅们嘴上不说,但心里都对这位执行人刮目相看。

不过,孙德英也不是一个只知道闷头多干活儿的傻小子,他是个善于观察和总结经验的执行人。

铁路电力线路故障经常发生在雷雨天,严重影响行车安全,在恶劣的天气下，如何在几十公里长的故障线路上尽快找到故障点，缩短故障停电时间，是解决问题的重点。在平时的故障处理过程中，孙德英发现大部分故障都发生在一些关键位置。

于是，孙德英经过大量摸排走访，制定了电力工区关键设备分类表，把易发生故障的设备进行分类，并制作了各类设备故障查找、抢修流程图，把最易发生故障的部位作为首先要检查的重点，并制订了抢修预案，工区管内设备故障抢修时间大大缩短。他的这些工作受到了领导和工友的好评，老师傅们也都对他赞不绝口。

除了日常的检修工作外，对故障抢修的处理最能考验执行人处理问题的能力。孙德英至今还记得自己担任执行人后遇到的第一次重大紧急情况。

一天夜里，天气闷热异常，没有一丝风，很快便在深夜下起了大雨。孙德英这一天正好在工区值班。夜里一点多钟，一阵急促的电话铃声把他吵醒，他预感到可能电力设备出现了故障。接起电话，他沉着应答。

原来是京秦线的迁安至抚宁间自闭供电线路跳闸，影响铁路信号，导致京秦铁路中断。孙德英挂断电话，立刻召集当晚值班人员准备抢修工具和材料。他一边穿工作服、雨衣，一边在脑海中快速思考在迁安至抚宁区间有哪些容易发生短路故障的关键性设备。凭借着日常对工区路段的模拟作业经验，很快他就有了初步判断。一个清晰的抢修方案也在孙德英的脑海里"成形"了。

这时值班抢修人员已经准备就绪，孙德英紧了紧身上的雨衣，向众人交代了抢修方案："雷雨天气，大横河桥和双旺地段是最可能引起跳闸故障的位置，这两处在卢龙站东西两侧，一人拿步话机先行骑摩托车去卢龙站打开隔离开关，通知迁安和抚宁两个配电室分别送电，哪一侧送电不成功，其线路即是故障区段，我们再根据故障区段判断具体故障点位。其他人上抢修车，去往车站北侧岔路口。"

车站北侧岔路口左拐向西是大横河方向，右拐向东是双旺方向，两个方向分别对应两个最可能的故障点。这个计划是最快速的解决方案，孙德英的指令简练而清晰，同事们心领神会，立刻开始了行动。

当众人乘坐的抢修车到达岔路口的时候，打开卢龙站隔离开关的同事用步话机通知孙德英：迁安配电室送电不成功。孙德英当即判断故障点在大横河桥附近的某个装置上，告诉司机左拐赶往大横河桥。十五分钟后，载着工人的汽车到达大横河桥东头，桥东的隔离开关在一个小山坡上，汽车开不上去。孙德英当机立断，冒雨冲出车厢，跑向桥东隔离开关所在的位置，并让抢修车立刻赶往桥西头隔离开关所在的位置。

大雨瓢泼，孙德英手脚并用地爬上山坡，到达桥东隔离开关下时，抢修车也已经赶到桥西隔离开关所在的位置。他立刻打开开关，并通知桥西人员也打开开关，他们找到并消除了预判的大横河桥故障点。随后，孙德英又通知抚宁、迁安两个配电室送电，几乎就在同时，两个配电室发出了送电成功的消息，证明他的判断准确。故障点清除，京秦铁路全线终于恢复信号供电，列车恢复通行。

忙碌了一夜，孙德英站在山坡上，冒着大雨看着恢复开行的列车由远及近，驶过大横河桥，他的自豪感涌上心头。凌晨时分，大家终于回到工区，才发现彼此满脸满身都是泥水。这次故障发生点出现在较难处置的大供电臂，并且是夜间、降雨，作业难度大，但因为有孙德英的清晰决策与工友们的迅速响应，他们从接到故障电话到处理完毕恢复送电仅用时四十分钟，这一操作受到了段里的通报表扬。

短短一年多的时间里，孙德英从一名刚刚毕业涉世未深的中专生，迅速地成长为卢龙电力工区一名合格的工作执行人，他的工作得到了工友们的支持，他本人也得到了大家的认可，这一切都与他的勤奋好学、工作有方密不可分。他从未将小小卢龙站的工作视作枯燥无聊的麻烦事，反而认真做好每一件所谓的小事，终于成长为一个优秀的工作执行人。

技术大比武

一个周末，秋高气爽，适逢孙德英休假，他要回到唐山家中探亲。他从卢龙站上车，准备去秦皇岛换乘到唐山的火车。列车在抚宁站停车时，孙德英竟遇到了车间主任王继鹏，他正想和王主任打个招呼，没想到王主任竟然先激动地开腔了："小孙，可算找到你了！"

孙德英一听，以为单位出了需要抢修设备的急事。没想到王主任继续说："计划参加段技术比武的选手因为生病不能参加了，车间打算让你顶替他参加段技术比武，今天下午到古冶段部报到。我刚才打电话到你们工区，他们说你已经坐火车回家了，我就赶紧到车站来通知你。"

听闻王主任的一番话，孙德英愣在了原地，不知如何作答。虽然他现在担任工作执行人，工作也取得了很大进步，但毕竟资历尚浅，他从没有过技术比武的经验，是个纯粹的"新人"，临时上阵参加段级的技术比武，这能行吗？孙德英的心里完全没底。但看到王主任那急切的神情，又考虑到王主任亲自来车站找他的诚意，孙德英咬咬牙，决定接受段技术比武的任务。

技术大比武是全国铁路职工的一项共同的盛会，全国各地都会组织不同形式和规模的技术比赛，以展现各个工种职工的精神面貌。职工通过技术的切磋，展现他们的业务能力。这一年古冶水电段的电力专业技术比武设有两个比赛项目，分两天进行，第一项是架设一档十千伏架空电力线路，第二项是制作环供箱配电盘。孙德英到达古冶段部办理了报到手续后，便开始在招待所中静静思索次日即将开始的比赛。

由于卢龙工区是电力维修工区，孙德英等人的工作内容主要是登杆进行电力设备的检修，很少有安装作业。而这次的架空电力线路安装项目，首先需要在十二米的杆顶装设将近三十公斤重的"抱合"①，再用紧线器加固四条钢芯铝绞线，将其捆绑在"抱合"的绝缘子上。这些作业项目一般都是大修队职工的日常工作，孙德英虽然了解流程，但很少有实际操作的机会。

依照比赛顺序，孙德英排在比较靠后的位置。俗话说，临阵磨枪，不快也光。孙德英仰着头仔细观察选手们的高空操作，默默记下大家容易出现的问题。选手们一个个登场，孙德英的心中也渐渐有了底气。

终于轮到孙德英上场。只见他牢牢系好安全带，登住脚扣，快速爬到电线杆顶部，放下带绳，辅助人员把已组装好的"抱合"用带绳拴牢。孙德英一把将绳子拽起来，紧拽几次拽到杆顶，再解下带绳，一套动作行云流水，熟练顺畅。

接下来便是将"抱合"从杆顶套入，孙德英托起"抱合"，却发现了一个意外情况：刚刚负责拴"抱合"的辅助人员忙中出错，本应该拴在右边的绳带，竟拴在了左边。要想解决这个问题，必须将"抱合"放到地面重新来过，可是这样势必会影响比赛成绩。看着眼前的困境，孙德英左右为难，额头上渗出了一层细密的汗。

在地面上观赛的选手和裁判也都发现了异常。众人议论纷纷，都觉得这位选手未免太倒霉了，接下来辅助人员必须换个方

---

① "抱合"是架空电力线路"耐张杆双横担"的通俗叫法。"横担"是电线杆顶部横向固定的角铁，是杆塔中重要的组成部分，上面有瓷瓶，用来安装绝缘子及金具，以支撑导线、避雷线，并使之按规定保持一定的安全距离。

向重新拴好，选手再拽上去，这必定浪费许多时间。孙德英向地面望了望黑压压的人群，这次来比赛，他代表的不仅仅是自己，更是整个卢龙电力工区，他绝对不能给同事们丢脸。眼下只有一个办法了，虽然冒险，但为了比赛，拼了！

只见孙德英双臂用力托着"抱合"，将它架在了电线杆顶端。接着他抬起脚扣快速向上攀登两步，让头部高过杆顶，用双手抓住两侧的角钢，然后双臂用力猛地把将近三十公斤的"抱合"举过头顶。这一举动震惊了地面观赛的裁判和选手，众人立刻明白了孙德英的用意——他要将"抱合"原地旋转一百八十度！

在场的观众无不替这位大胆的选手捏了一把汗。站在十二米高的电线杆顶部，孙德英没有时间害怕，他一鼓作气，抬头瞅准位置，赶紧转动"抱合"，完成了一百八十度旋转，把它稳稳地套在杆顶。这一套动作行云流水，观赛的选手也忍不住为他拍掌叫好。接下来，孙德英手脚麻利地紧线、调线、绑扎，圆满完成了规定技术动作。

赛后，孙德英取得了架设架空电力线路项目的中等偏上成绩。虽然不算拔尖，但他在比赛中临危不乱的表现给众人留下了深刻印象。现场一位领导留下了这样的评价："这小伙子真行，个子不高，有把子力气，干活儿也挺利索。"

次日的比赛项目是制作环供箱配电盘。孙德英心中暗喜，这可是他的强项。制作配电盘最关键的步骤是确定每一个电气元件的安装孔。吃完午饭后，孙德英来不及休息，在招待所找出配电盘安装图纸，又找来一块硬纸板当绝缘板，进行演练。

他在纸板上标注每个电气元件的位置，依次打孔，又把几十个安装孔的位置都逐一记在心里。这还不够，他又找来一块新的纸板，在上边进行练习，默画下全部的打孔位置，直到熟记于心。练习结束后已经日落西山，孙德英却一点儿也不觉得累，反而因为第二天即将到来的比赛而兴奋。

次日，裁判一声令下，比赛计时开始。当其他参赛选手还在忙于测量每一个继电器、保险、开关的安装孔位置的时候，孙德英拿出一把尺子，在绝缘板上测量定位，直接默画出了所有安装孔位置，接着有条不紊地用手枪钻逐个打孔，将每个电气元件安装在绝缘板上，再根据电路图进行导线连接。

完成制作后，孙德英还检查了一遍电路确保无误，合上电源，模拟负载的两个灯泡依次亮了。当孙德英停止作业时，其他选手还在忙碌地进行着最开始的测量工作。不出所料，在充分练习下，孙德英取得了制作环供箱配电盘项目第一名的好成绩。

两天的比赛中，孙德英不仅发挥出自己的专业水平，更展现了出色的应变能力与过人的胆识。观赛的领导和裁判都对孙德英赞不绝口。最终，评委会决定让孙德英代表天津铁路分局参加北京铁路局的电力专业技术比武。孙德英虽然初出茅庐，却一鸣惊人，这绝不是"临阵磨枪"能实现的，他的成功与平时工作中的点滴积累密不可分。

风筝巧思

参加古冶段技术比武并取得优异成绩后，孙德英受到了段领导的表扬，卢龙电力工区的工友们也为孙德英感到高兴。面对接下来的北京铁路局的比赛，孙德英内心忐忑不安。他虽然在段技术比武中表现优秀，但到了更大的赛场上，也许很难拔得头筹。

虽然顶着极大的心理压力，但孙德英没有太多时间胡思乱想。他决定专心致志地备战接下来的局级技术比武。比武分为实际操作和理论考试两项，电力专业实际操作项目是接地电阻测量。在接到代表天津铁路分局参赛的消息不久，孙德英就开始了理论学习和实际操作项目练习。

每天晚上他都挑灯夜读，补充理论知识。白天工作之余，他就穿好工作服，戴上安全帽，背上工具袋，去安装有地线的电杆下练习接地电阻测量。无论哪个环节，孙德英都反复练习，直到每一次都万无一失，顺利完成。他无数次辛苦训练也有了明显的成效，测量用时从最初的十几分钟缩短到十分钟左右。

在反复练习的过程中，孙德英还有一个意外的发现。他发现，接地电阻测量耗时最长的并不是专业技术方面的操作，而是测量导线的收放。

在测量前，工人需要把两条导线牵引至距离被测点不同方向的四十米和二十米处。测量后，工人还要将两条导线一一收回。测量导线平时需要像普通绳索一样缠绕存放。放线时导线经常打结缠在一起，即便不打结，也需要工人一点点拽开，将其拉到固定位置。这也恰恰成为接地电阻测量项目最耗时的一个环节。

如果能解决测量导线的收放问题，这也就意味着将大大节省比赛时间。一个周末，孙德英休假回家，家人正在家中看电视。这是一期介绍山东潍坊风筝节的节目，画面中，天空中造型各异的风筝扶摇直上，随风飞舞。孙德英原本想回卧室休息，突然间，镜头给了放风筝的人一个手部特写，这立刻吸引了孙德英的注意。

那人手中所执的是收放风筝线的"拐子"，放风筝的人通过它便能控制风筝飞翔的远近。孙德英突然灵光一闪，他也可以做一个类似"拐子"的线轴，用来收放接地电阻测量导线。脑海中有了计划后，他连午饭都顾不上吃，和父母匆匆道别，便立刻坐上了返回卢龙电力工区的火车。

孙德英到达工区的时候已经是傍晚时分，工区的马师傅刚好做完了晚饭，他赶忙扒了几口饭，便即刻开始制作线轴。他在工区找来了各种备用的材料，连夜制成了线轴，并将导线缠绕上去。此时，时间已经接近深夜，但他难掩内心的兴奋，不顾时间，迫不及待地借着灯光开始试用线轴。

孙德英将地线钎子插进线轴孔里，拿着地线钎子跑向远方，导线便随着他的跑动伸向远方。收导线的时候，他一边往回走，一边转动线轴，导线乖乖地缠到线轴上。整个接地电阻测量时间由十分钟左右缩短到六七分钟。孙德英大受振奋，在此基础上又改进了线轴结构，增加了线轴手柄，收放线速度又提升了不少。

比赛终于来临，这天的北京秋高气爽，天空万里无云，孙德英不禁联想到了电视中风筝节那天的蔚蓝天空。在接地电阻测量的实际操作项目中，孙德英手持自己研制的收线工具，仅仅用时四分多钟就完成了比赛，测量误差、测量用时、操作规范性的单项成绩都排在第一位，他取得了总分第一名的佳绩。

在接下来进行的理论考试中，他的成绩也名列前茅。功到自然成，最终孙德英代表天津铁路分局获得了北京铁路局电力专业技术比武总成绩第一名的成绩。这次比武的成功，是孙德英技艺高超的表现，激发了他的创新意识。虽然只是在导线收放上的一个小小改进，但接地电阻测量效率提高了一倍以上。从此，创新的意识在孙德英的内心生根发芽，他人生中的创新之门，也由此开启。

 第四章　行路：职业攻坚战

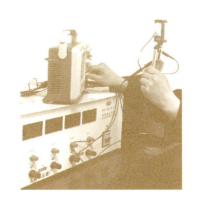

攀登者不畏惧高山，
山顶有最壮美的风景。
游牧者不畏惧草原，
草原上有最辽阔的家园。
搏击者不畏惧对手，
对手能成就更强大的我们。
创新者不畏惧挑战，
挑战能激发更绝妙的灵感。

天降"香饽饽"

自从孙德英参加古冶段和北京铁路局的技术比武后，他的工作能力得到了更多人的认可，他也成了卢龙电力工区小有名气的青年业务骨干。他从曾经彷徨迷茫的状态中走出来，发自内心地喜欢上了铁路电力事业。为了进一步提高业务能力，他更加勤奋地学习专业知识，提升自己的专业技能。

是金子总会发光。1992年4月，孙德英得到了宝贵的调任机会，几个不同科室都向他伸出了橄榄枝。其中，技术科、安全科等都与孙德英的专业紧密相关，他尤其倾向于加入技术科，在那里他可以专门从事电力技术工作，解决疑难问题。然而，最终的人事调动通知却仿佛跟孙德英开了一个玩笑，他从卢龙电力工区被调到古冶段综合管理科。

听闻此事的工友们都为孙德英感到开心，在众人眼中，从技术岗位调到管理岗位，意味着从一线工人转变为干部，这是多少人梦寐以求的机会，简直是天上掉下来个"香饽饽"。然而，一心扑在技术工作上的孙德英本人并不高兴。他从不稀罕什么"香饽饽"，只想在熟悉的岗位上发光发热；他从不热衷于管理工作，这调令简直与他的职业目标背道而驰。

在综合管理科,孙德英每天都需要处理琐碎的事务性工作,很少涉及技术问题。由于已经习惯了每天在野外作业的电力工作,来到新办公室工作的初期,孙德英整日伏案处理各种文件,感到身心都被牢牢束缚,经常闷闷不乐。他一直希望找个机会和领导谈谈,请领导把他调离综合管理科,让他回到一线的工作中去。

当时,综合管理科的科长名叫李福生,工作经验丰富,善察人心,十分会用人。对于这位从卢龙电力工区调来的技术骨干,李福生格外关注。很快他便发现,这个新来的小青年似乎不太对劲儿,对待工作虽然认真,却总是一副心事重重的样子。

在一个阳光明媚的下午,李福生满面笑容,手捧搪瓷杯来到了孙德英的办公桌前。孙德英见李科长来了,立刻起身迎接。李科长叫孙德英不用紧张,还给他倒了杯茶。

"小孙啊,我们聊聊?"说着,李福生端起了搪瓷杯吹了吹,喝了一口。孙德英一头雾水,问科长想要聊些什么。

李福生也不绕弯子,开门见山,耐心地说道:"做好综合管理科的工作不仅需要技术还需要懂管理、会沟通,一个人不可能在一个岗位上干一辈子,但一个优秀的人,在任何岗位上都能够干出出色的成绩,而且综合管理科的工作没有技术能力也很难干好。要你来,正是看中了你的技术能力和好学上进的品质。"孙德英听了李福生的话,虽然能够理解领导的良苦用心,却还是开心不起来。

李福生见孙德英情绪仍旧低沉,喝了口茶,接着又说:"咱

⊙ 参加北京铁路局技术比武后，孙德英被选拔到古冶段段部综合管理科
工作

们段扬水耗电量一直超标，这个问题多年来都没能解决。这个工作技术性强，而且涉及分布在全段管辖几百公里范围内的几十个给水所，情况各不相同，工作难度很大，单位想把降低扬水耗电量这个任务交给你，你有没有信心？"

综合管理科竟然也有这样的技术问题需要解决，孙德英立刻就来了精神！他两眼放光，对李福生说："科长，你把这么有难度的任务交给我，我一定不辜负组织上的信任！"

李福生看着眼前的孙德英如同换了个人似的，心中了然。他知道，孙德英这样的技术骨干不甘于从事琐碎的事务性工作，想要挑战更具专业性的任务，而扬水耗电量高的问题也是一直困扰段内同事的心病。

一个不能学会自我调整的人，注定不能挑起生活和工作的重担。如果孙德英真的能够将这个问题解决，不仅是一举两得的好事，更意味着组织的决定是正确的。他是个能够承担起重任的青年人，未来也必将会有更大的发展。李福生希望通过这个任务，帮助孙德英更好地完成从技术岗位的工人到管理岗位的干部的角色转变。

解决扬水耗电量高的问题是孙德英来到综合管理科的第一个重要任务，其中不仅包含着李福生科长的良苦用心，更承载着全段的期待。看着科长远去的背影，孙德英在心中立下誓言，就算拼了全身力气也必须圆满完成任务。

重任在肩

经过一个多月的前期筹备，1992年5月起，孙德英主要的工作是节能与质量管理，其中最重要的便是降低扬水耗电量。古冶水电段的日常工作是保障铁路沿线供水及供电。其中，扬水泵在供水时需要将水提升至水塔，这一过程将会耗费大量电能。在对供水能耗的考核中，一项重要的指标便是扬水耗电量。

每年全段扬水用电量高达几百万度，耗电量多年来一直居高不下，造成了严重的资源浪费，成为困扰全段的一大心病。"天将降大任于是人也，必先苦其心志，劳其筋骨……"自从立下整治扬水耗电量高这个问题的"军令状"，孙德英吃了不少苦头。

要想弄清楚扬水耗电量高的原因，必须深入每个给水所进行"摸排"。古冶水电段管辖范围极大，其管理的四十八个给水所四下分散，西至燕郊，东至山海关，南到南堡沿海，北到燕山深处的石人沟。很多给水所的位置偏远，那里不通旅客列车，孙德英经常要提前准备好第二天的饭，一去便是一整天。在柳村给水所的"摸排"经历更是给孙德英留下了深刻印象。

柳村给水所位于秦皇岛，孙德英需要乘火车到秦皇岛，再换乘公交车到达山海关附近，接着还要步行几公里才能到达柳村给

⊙ 1992年，孙德英（中）与同事一起研讨降低扬水耗电量的方案

水所。孙德英到目的地时已过了午饭时间，他就着白开水，三两口吃完自己带来的烧饼后就立刻开始工作。

从检查开关泵的操作程序是否正确，到查看当日生产数据，再到逐一核对扬水表、电表的数据……一系列忙碌的工作让他忘记了时间的流逝。

等到全部工作完成后已经是晚上七点多钟，此时已没有返回秦皇岛的公交车了，他只能步行到秦皇岛火车站，再坐夜里的火车回唐山，回到家已经是后半夜了。坐在床上，孙德英龇牙咧嘴地脱下满是灰尘的鞋，脚上起了几个巨大的水泡，之前赶路时他不觉得疼，现在歇下来，剧烈的痛感直钻心间，疼得他冷汗直冒。

孙德英拖着磨破的双足，用一个多月时间走遍了全段四十八个给水所，他摸清了每一套扬水配电设备和扬水泵的具体情况，了解日常作业流程，记录了每一个时段的耗电量。他将四十八个给水所按照扬水量、耗电量、配电柜类型、水泵类型、控制模式等进行分类，并利用新学的数理统计方法分析出了造成每一类给水设备扬水耗电量高的关键因素。

随后，孙德英埋头在办公室中用三个月的时间写了一份沉甸甸的个性化分析报告。这份极具分量的报告绝非纸上谈兵，在它的指导下，半年时间内，全段扬水耗电量降了下来。李科长布置给孙德英的降低扬水耗电量的任务圆满完成。

孙德英心思细腻，经常能发现工作中他人忽略的问题。在巡查各给水所的过程中，孙德英注意到这样一个现象：无人值守的给水泵房距离车站较远，工作人员开泵离开后，一整天不关泵的情况非常普遍。这种行为不仅使扬水耗电量大，还造成水塔溢水，严重浪费了水电资源。

这一在旁人眼中司空见惯的现象，进入孙德英眼中便具有了不寻常的意义。如果他能研制一个自动给水配电柜，它具有水塔里的水满时自动停机、水塔缺水时自动开泵等功能，不仅可以减少水电资源的浪费，还可以节省一名水泵操作人员的人工成本。一个创新项目在孙德英的心中悄然酝酿。不过，他知道目前自己的能力还不足以支撑这一课题。他决定深造。

学海无涯

1994年10月，孙德英所在的古冶水电段迁至唐山，并更名为唐山水电段。虽然单位历经变革，但孙德英仍就职于综合管理科，承担日常管理、节能和质量管理工作。1996年，孙德英考上了河北理工大学（夜大）的自动化专业。为了能练就真才实学，孙德英在心中立下誓言，一定不能浪费这来之不易的学习机会。

在四年的学习中，孙德英始终坚持满勤上课，每周一到周五的夜晚，甚至周日这一天的夜里，夜大的教室中都有孙德英专注学习的身影。由于学校离家的距离远，每天中午孙德英都在单位食堂将晚饭提前打出来。下班后，孙德英匆匆吃完早已冷却的晚饭就马不停蹄地赶到学校上课，一直到晚上九点半才能回家休息。

单位和学校之间两点一线的生活十分枯燥，让人感到疲惫，孙德英却咬牙坚持下来了。孙德英上夜大并不是单纯为提升学历，他从未忘记自己选择深造的初衷——充实供电及电气自动化专业方面的知识，解决实际工作中的难题。

在河北理工大学学习的第二年，在学习完自动控制技术课程后，孙德英对"自动给水配电柜"这一课题终于有了信心，他利用课余时间着手课题的研究。他买来相关书籍学习计算机的C语言编程，遇到不明白的地方就找老师请教，并与段水电工厂配电班的同志们一起设计方案、加工样机……虽然孙德英很忙碌，但每一天对他来说都分外充实。

更让孙德英记忆犹新的是，研制配电柜的1997年，正是他结婚成家的一年。对孙德英而言，在这"兵荒马乱"的一年中甜蜜与辛苦并存。他一边读书，一边准备婚礼，同时还要学习编程搞配电柜研发。婚后，孙德英白天去上班，下班后还要从单位直接去河北理工大学上课，晚上九点半才能回家。

新婚燕尔，孙德英却让另一半守着空落落的家，他的内心充满歉疚。好在身为小学老师的妻子康燕性格娴静，知书达礼，更十分体谅丈夫的辛苦，从没有一句怨言。她担心孙德英在单位没吃饱，每天晚上总是提前把夜宵做好，等着他下课回来吃。有时候，孙德英吃完夜宵还要继续看书或者修改程序。那段时间，孙德英与康燕沟通的时间甚少，但她也不气恼，只是坐在灯下安静

⊙ 上图　1997年，孙德英与康燕结婚
⊙ 下图　2002年国庆节，孙德英与妻子、儿子在唐山抗震纪念碑广场合影

地备课，准备第二天上课的内容。

人们总说，一个成功男人的背后一定有一个默默付出的女人。如果缺少了妻子康燕的支持，孙德英必定无法集中全部精力做好研发工作。正是康燕始终如一的无私付出才促成了一项项创新课题的诞生。

经过一年多的努力，在水电段领导和河北理工大学老师的鼎力支持下，由孙德英牵头研发的自动给水配电柜终于问世了。经过后期的多次改进，自动给水配电柜在全段所辖的给水所应用，大大降低了耗电量和人工成本，因全段使用了该配电柜，每年的节电量高达154万千瓦时。这项成果（铁路生活站自动给水配电柜）获得了河北省科技质量成果奖。

从一次次"摸排"给水站，到披星戴月地读书和工作，孙德英从领导安排的任务入手，解决了全段的业务难题，还完成了自动给水设备的研发。书山有路，学海无涯。他用双足走遍四十八个给水所，踏出名为创新的大路，用心钻研，铸就了自己的精彩人生。

特殊的礼物

1986年元旦是孙德英在北京铁路电气化学校度过的第一个新年。从北京到唐山约200公里的距离，不能阻断孙德英与中学时代同学们的情谊，为了表达对同学们的关心与祝福，孙德英决定为大家送上一份有纪念意义的礼物。

在20世纪80年代，对于大众而言，计算机还是十分稀罕的物件。孙德英所在的北京铁路电气化学校开设计算机课程，不过学生进入机房学习，要经过重重"关卡"。首先，学生要衣着整洁，吹扫灰尘，还要穿鞋套，经过登记之后才能进入机房。此外，学生上机操作还有严格的时间限制。

对于那时的中专生而言，能上一节计算机课是不可多得的宝贵机会，孙德英就在那时对计算机产生了浓厚的兴趣。入学一个学期后，他学会了计算机BASIC语言。

这种神奇的计算机语言深深地吸引了孙德英，他想让身处各地的朋友们也都感受到计算机的魅力。元旦将至，孙德英最初想用手写的贺卡表达祝福，但又想到这种贺卡千篇一律，便决定送些其他特别的礼物。于是，他钻进学校的机房中，开始了"设计"工作……

孙德英学以致用，通过BASIC语言编制程序，控制日历中数字、字母及标点符号的输出位置，又使用针式打印机打出相应的图案及文字。很快，一张张印有姓名、日历和精美图案的纸质贺年卡就诞生了。这些独一无二的贺年卡承载了孙德英对同窗好友的深深祝福，同学们都为收到这新颖别致的礼物而惊喜，纷纷给孙德英回信表示感谢。

在孙德英眼中，计算机编程不仅是一种时代浪潮的前沿技术，更是科技带给人温暖的最佳体现。孙德英走上工作岗位后，他的职业也与计算机产生了紧密的联系。自从孙德英1992年到综合管理科工作后，科室负责的一项主要工作便是对车间落实经济责任制情况进行数据分析。

这项工作对数据的要求全面而细致，综合管理科要对全段各车间的四十多项经济、技术数据进行分析，财务科再根据指标完成情况对车间进行奖惩。因为这项工作涉及职工的切身利益，并且对各车间的职工工作具有良好的激励作用，段领导和各车间的领导都非常重视。

为了能够在月底前向财务科及时提供准确的清算结果，每到月底前几天，综合管理科的同事们都要加班加点对每个车间的几十项指标完成情况进行数据分析，由于计算结果容易出现错误，他们必须反复核对。学生时代接触过计算机技术的孙德英知道，这种对大量数据进行运算和比较的工作最适合使用计算机来完成。为减轻同事们的工作负担，孙德英开始自学Dbase语言编程，想研发一种清算系统来解决这个难题。

当时，全段仅有的几台计算机都集中在机房中，孙德英买来相关教程后，利用晚上的休息时间看书，白天便趁着午休时间到机房练习。在孙德英上机训练两个月后，机房负责人都熟悉了这个好学的小伙子。

由于孙德英都是在业余时间学习钻研，并没有耽误手头的其他工作，科室领导也没有干涉。科室上下也都很好奇：这种听起来高深莫测的清算系统，仅靠他一个人能研发出来吗？孙德英这小子到底靠不靠谱？有心打石石成针，无心打石石无痕。一个名

⊙ 2000年，孙德英在唐山水电段门前留影

为"经济责任制考核清算"的系统还真被孙德英这个"门外汉"给研发出来了！

同事们一开始还半信半疑，在众人的围观下，孙德英麻利地打开系统，映入眼帘的系统画面简洁，操作流畅，几番数据输入后，得出的计算结果完全准确。大家都被这快捷而精准的计算系统震撼了。

"小孙研发出的这个系统还真不是花架子！"同事们纷纷对孙德英竖起大拇指。从前需要几个人花费一周时间才能完成的清算工作，在系统的帮助下仅用半个小时就能完成，且正确率极高。困扰科室的大麻烦被孙德英完美解决，他"计算机能人"的名号也立刻传遍了单位。

随后，孙德英又在系统中增加了多个模块，逐步完善了整个系统。天津铁路分局将这一系统在所辖的二十多个站段推广应用，得到了相关科室的一致称赞。在该系统基础上形成的管理成果"基于全指标考核的铁路运输保障系统的资产经营责任制"更获得了天津市企业管理现代化优秀成果二等奖，孙德英受到了天津市政府和天津铁路分局的表彰奖励。

有这样一位计算机能人在身边，同事们也带着五花八门的需求纷至沓来。孙德英一一记下单位里各部门同事在工作中遇到的麻烦事，转身走进机房继续琢磨。在两年时间内，孙德英运用数据库语言编制了固定资产管理系统、扬水耗电考核系统、低值易耗品管理系统等应用程序，大大提高了各部门同事的工作效率。

2000年后，随着国家科技力量的不断进步，计算机普及程度

⊙ 2006年，孙德英作为"拔尖人才"，到韩国考察韩国高铁建设情况

大大提升。段领导信赖孙德英的计算机技术，将全段的计算机管理工作都交给了他。孙德英趁此机会报考了北京交通大学计算机科学与技术专业本科，希望通过系统性学习，提升自己的计算机技能。那时候，计算机书籍便成了孙德英床头的必备图书，每晚翻看专业书籍成了他的习惯，就连说的梦话都是关于计算机程序的，惹得妻子揶揄他："真是把计算机当成了恋人。"

孙德英不仅自己追求进步，还带领科室同事一起学习，共同开展办公智能化、网络化建设。在孙德英的带领下，他和同事们先后完成唐山水电段、天津供电段门户网站的制作，以及计算机设备管理信息系统、科技管理信息系统、牵引变电所3D仿真培训系统、订餐系统、干部考核系统等多个应用程序的编制。

从用计算机编程制作送给好友贺年卡的青年学生，到为全段编制管理、服务程序的信息技术工作带头人，孙德英用了不到二十年的时间。这些年里，除了本职工作外，他潜心学习计算机知识，埋头设计系统，为段内解决了诸多切实的问题。面对取得的成绩，他从不夸耀自己，但在同事们眼中，他已然是最可靠的技术达人。

一枚电容的故事

　　2004年，孙德英所在的唐山水电段并入了丰润供电段。次年，天津供电段等单位并入后，丰润供电段正式更名为天津供电段。孙德英仍奋战在信息技术工作一线。无论是日常工作，还是临时性任务，孙德英都坚持认真负责的态度，从不懈怠。

　　2005年5月，孙德英受邀参加在塘沽举办的科技大会。参会期间，他接到了通知：北京铁路局将组织有关专家于下周一对"高压柜带电防误入装置"这一科研项目进行审查。

　　天津供电段对于此次审查非常重视，领导立刻打电话通知孙德英，让他一定要做好万全准备。彼时孙德英身在塘沽，而有待审查的装置在唐西配电室刚刚安装完成，机器尚未调试好，信号灯、音响等都存在误报警的现象。

　　为了确保项目顺利过审，孙德英在会后立刻从塘沽返回，一路上都在与值班室同事讨论所需材料。到达配电室后，孙德英直接与另两名主研人员开始紧张的核验工作。起初一切顺利，而在核验开关时，孙德英和同事却产生了意见分歧。

　　由于该装置的感应天线安装在"油开关"上，这意味着在进行高压停电作业时需要经过多道程序。看到工作如此复杂，

⊙ 2005年，孙德英承担牵引变电所仿真培训项目研发工作

当即便有同事表示，不如直接把报警电路掐断，装置无法报警，审查专家自然就挑不出错了。孙德英则认为，虽然报警电路不影响装置主要部件的运行，但它是本项目中较为关键的技术创新点。

"既然我们承担了这份工作，就要有所担当，不能用敷衍了事的态度解决问题。"孙德英正色道。看到孙德英严肃的神情，同事们也都不再争辩，撸起袖子准备开工。此时，孙德英又紧急叫停，让大家先别急着动手。

只见孙德英不紧不慢地通知调度人员——高压停电。待配电室值班员填写安全作业命令簿按规定停电后，孙德英才发话让大家行动起来。虽然时间紧迫，但是孙德英仍旧一板一眼地执行安全步骤，同事们看在眼里，急在心上。不过孙德英此举也是为众人的安全着想，大家没有多言，全部积极配合。

一波刚平，一波又起。解决报警电路误报问题后，装置上的电磁线圈又出现了噪声，一时，"吱啦——吱啦——"的响声在工作间内频繁响起。技术人员告诉孙德英，要想解决就必须在线圈上并联一个电容。可惜的是，目前工作间里没有能够适配的。孙德英闻言后思忖片刻，他安排同事们继续目前的检测工作，而他则出门去寻找适配的电容。

"嘎吱——嘎吱——"孙德英骑着一辆不时发出"哀号"的老旧自行车出发了。他寻遍了全市各个电子元器件商店，就连角落里的五金店也没放过，却一无所获。世事难料，孙德英自嘲地想，一枚小小的特殊电容竟能难倒"英雄汉"。无奈之下，他只能到距离唐西配电室十公里外的建国路电子市场去碰碰运气。

许是老天故意捉弄，在偌大的电子市场里，这块仅价值一元的特殊电容仍不肯现身。黄昏时分，市场商户纷纷打烊，孙德英询问的声音仍在市场中一遍遍响起。当他即将要放弃的时候，角落里的一家门店给了他惊喜，这块适配线圈的电容终于出现了。

付完钱的那一刻，孙德英如释重负。天色已晚，这位满头大汗的技术带头人急匆匆地跑出市场，一脚踏上"二八大杠"，匆匆离去。

回到单位，孙德英献宝似的向同事们展示这来之不易的"战利品"。这枚电容被组装到线圈上，工作间内霎时安静了。而此时，另一阵"咕噜噜"的声音却打破了这片象征胜利的宁静。原来，那是孙德英饥肠辘辘的声音。同事们哄堂大笑，连忙招呼孙德英快去吃饭填填肚子。

新一周的周一，高压柜的调试工作圆满完成，经过北京铁路局组织的专家组现场评审，全体领导、专家都对该装置予以充分肯定，尤其是对声光报警部分给予了高度评价。到此，作为技术带头人的孙德英心中的一块大石头总算落了地。而那些曾经因为孙德英的"一板一眼"而不耐烦的同事们，也终于理解了他对工作精益求精的用心。

虽然电子元件很小，但也是庞大系统中不可忽略的重要部分。孙德英同样将自己视为铁路这个庞大系统中一枚小小的电子元件，虽然看似微不足道，却承担着重要的工作职责。他有一个朴素的工作理念，那便是他要和全国各地的铁路工人一起认真做好自己手头的每样工作，竭尽全力维持铁路正常运转，让全国每位乘客和每批货物平安到达目的地。

小家大爱

2002年5月，一通电话扰乱了孙德英原本平静的生活——母亲张素婷因患淋巴癌住进了天津肿瘤医院。他印象中的母亲总是坚强乐观，将家里操持得井井有条，无论何时，她总是关心孩子们更多，却很少谈到自己。张素婷的突然病倒让一家人措手不及，后悔万分。

单位领导考虑到孙德英的现实困难，特批他回家陪护病重的母亲。当时正是孙德英负责的变频谐振高压试验装置的研发关键时期。为了保证如期完成装置的试验和鉴定材料的起草，也为了能全力陪护母亲，孙德英开始了两地奔波的生活。

每天白天孙德英都在天津陪护母亲做化疗。癌症患者不仅遭受着身体上的痛苦，更承受着极大的心理压力。接受化疗的张素婷胃口不佳，吃不下饭菜。为了让母亲及时补充营养，在她每次化疗后，孙德英都跑遍医院附近的菜市场寻找她爱吃的食材，炖猪蹄汤为母亲补充营养。张素婷将儿子的付出都看在眼里，虽然身体疲惫到了极点，还是尽量大口吃饭。

晚上照顾母亲睡下后，孙德英却没法休息，他还得立刻动身从天津赶回唐山起草试验大纲，准备鉴定报告。一直工作到翌日凌晨四点半，孙德英再洗把脸赶赴火车站，坐五点半从唐山到天津的火车，直奔肿瘤医院……在母亲的每个化疗周期里，孙德英都只在母亲的病床前和那辆往返于唐山、天津的列车上合过眼。

从最初的手术到接受放化疗，乃至后期要长期服用苦涩无比的中草药，都没影响母亲张素婷的乐观态度，她总是乐呵呵地和孙德英聊起生活琐事，更担心因为自己的病情影响儿子的工作，经常催促孙德英快回单位去，不用担心她。

母亲坚强的性格也深深影响了孙德英，他顶住了来自家庭和工作的双重压力，有条不紊地推进着手头的项目。当母亲第一疗程的化疗结束时，孙德英负责的试验装置的报告和鉴定材料也如期完成了。作为家中的长子，孙德英尽了儿子对母亲应尽的孝道；作为一名铁路职工，他也履行了一名专业技术人员的职责。

由于要带领课题组奔赴全国各地进行调研、检验科研成果，孙德英常处于"连轴转"的工作状态中。2010年，孙德英牵头完成了功率因数自动跟踪补偿装置的样机制作，随后，课题组决定在唐山机务段的无人配电室进行安装试验。

为了摸清用电高峰和低谷，以便确定合理的补偿电容值，孙德英和课题组成员反复在不同用电时段——早晨、中午、晚上以及节假日，进行测试。市民下班休息的时间段是生活用电重要的高峰时段，而这一时段也对应着课题组成员难得、宝贵的休息时间。

孙德英舍弃了休息时间，主动承担了晚间用电高峰的测量任

⊙ 上图　1996年，孙德英（右一）与父母在家中合影
⊙ 下图　2003年国庆节，孙德英（后排左一）与家人在北京旅游

务。每天下午，其他人下班后，他就来到无人配电室进行测量记录和计算工作。在每个寂静的深夜里，聆听着检测仪器偶尔发出的声音，眼圈发黑的孙德英就这样安静地伏案工作着，不知坚持了多久……

次年，功率因数自动跟踪补偿装置终于如期投入现场应用。孙德英如释重负，决定趁此机会放松身心，陪同家人一起出游，弥补长久以来对家人陪伴的缺失。当天一早，正当孙德英一家人整装待发之际，一阵电话铃声搅乱了全家人启程前的兴奋情绪。来电的正是电力工区的值班人员，电话那端的人喘着粗气："孙工，电容补偿装置报警！"

孙德英的大脑飞速运转，如果只是进行简单的切除作业，报警的根本原因将无从知晓，更不利于后续装置的改进工作。可若真的要仔细检查警报来源，就必然要自己出马。孙德英握着儿子的小手，看着他那双天真的大眼睛，还有身边正细心打点行李的妻子，他的心陷入了无尽的纠结。

正当孙德英踌躇时，妻子拍拍他的肩膀说："德英，工作的事大，旅游啥时候去不行啊？今年去不了明年还可以去呢。你去单位吧，工作不能耽误。等你回来后，咱们在附近玩玩……"

听了妻子的话，孙德英感到既欣慰又愧疚。然而眼下他没有精力再多想了，电话那端的同事还等着他回去排查故障。孙德英匆忙摘下装满旅游用品的双肩包，告别了妻儿，飞奔到距离家最近的公交车站，搭上驶往单位的车，以最快的速度赶到故障发生现场。

经过仔细排查后，故障的原因水落石出——接触器失灵导致装置中的散热风扇失去作用，引发了过热报警。由于附近没有销售该类型接触器的商店，孙德英不得不从现场又赶到二十公里外的唐山将所需要的接触器买到手。等到他返回现场并且完全修理好装置，时间已经来到了傍晚，筹划多时的家庭出行计划已然付诸东流，和家人的相处时光又一次被工作挤占。

孙德英的工作精神是忘我的，这使他常常不得不"舍小家，为大家"。也正是凭借着一丝不苟的工作精神，孙德英得到了领导的认可，赢得了同事的信赖。坚持不懈的创新追求，也让他的科技创新之路越走越宽。2012年，以孙德英名字命名的创新工作室成立，他也和项目团队在这个更加广阔的创新平台上屡创佳绩。

在事业更上一层楼的同时，孙德英也没有忘记弥补对家人的"亏欠"。2011年国庆节，为了抢修故障装置未能实现的家庭旅行一直是孙德英心中的遗憾。在2012年的金秋十月，孙德英特地带上妻儿在山西进行了一次畅快的自驾旅行。这是孙德英作为丈夫和父亲对家庭的承诺。家人是他温暖的后盾，更给了他源源不断的前进动力。

⊙ 婚后，孙德英（后排右一）与父母、妻子、弟弟在唐山抗震纪念碑广
　场拍全家福

⊙ 2012年国庆节，孙德英一家三口在山西自驾游

第五章 领路：科技明星的诞生

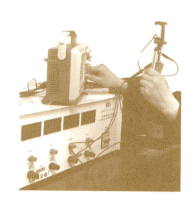

一条条银龙，盘亘在中华大地，

它们是运输事业的大动脉。

从高山到原野，

从海岸到江畔，

贯穿东西，横跨南北。

从白天到黑夜，

从夏雷到冬雪，

穿越岁月，历经春秋。

铁路上的螺丝钉，

供电段的定海神针，

扎根基层，吃苦耐劳，

从创新到创造，从革新到发明，

你的名字，是楷模，也是先行者。

"桥梁"设计师

2013年8月，孙德英因技术扎实、工作表现优异，被调到新组建的天津供电段①担任信息技术科科长，负责全段的信息技术、科技创新等重要工作。随着新时代的来临，铁路各段的信息技术工作也日渐繁重，他走马上任的第一个任务，便是搭建办公网络。

当时，由于天津供电段是新组建的，各个办公室与生产岗位之间还没有形成网络连接，信息技术科的任务便是为各个孤立的网点架设沟通的电子桥梁，而孙德英便是总设计师。

由于时间紧迫，孙德英立下"军令状"，保证带领同事们于一周之内完成任务。

为保证工作效率，孙德英和同事们吃住都在单位里，白天架设网线，晚上设计门户网站和起草连接方案，每天都工作到次日凌晨才能休息。夜里饿了，他们就用泡面垫垫肚子，次日醒来，简单洗漱下又立刻投入工作，如此周而复始，几天下来，许多男同事都变得胡子拉碴。

① 2013年，天津、沧州及德州片区的供电段组成了新的天津供电段，原天津供电段更名为唐山供电段。

⊙ 2013年，孙德英在青年大学生培训班上授课

在架设网线的过程中，一项基础工作便是接"水晶头"，该工作既要求操作手法细致，同时由于需求量巨大，因此也要求操作者眼疾手快，动作麻利。由于稍不小心便会被锋利的网线钳割伤，大家的双手都"挂了彩"。然而谁也没有将这点儿小伤放在心上，贴上创可贴便继续投入工作。

在众人的齐心协力下，工程进展顺利。第一天，每个生产科室便开通了一个局域网连接点；第二天，全段各部门便开通了一个局域网连接点；第三天，主要生产和办公岗位都实现了局域网连接……仅用了一周的时间，孙德英和同事们共铺设网线8000多米，制作网络连接终端1000多个，顺利完成了天津供电段机关办公楼全部的网络架构组建工作。

机房的位置影响着网络设备的运行和后期维护，孙德英和同事们商讨后决定将机房由办公楼四层搬迁到一层。但是，机房里的服务器一旦长时间停机，将会影响生产与办公。孙德英提前制订了搬迁方案，将实施时间安排在网络访问量最小的夜间23点至次日清晨6点。

对于信息技术科的成员们来说，熬夜已经成了家常便饭。当天夜里，夜猫子们将所需材料准备齐全，23点一到，大家各就各位，将服务器等设备关机、切断电源、拔掉网线、撤出服务器……一连串动作下来，准确又高效。将设备移到新机房后，众人合力架设网线，再逐台开机调试……等到所有设备安装完毕，天空泛出鱼肚白，时间已是清晨5点了。

奋战了一夜的同事们此时已经熬得双眼通红，大家都盼着完

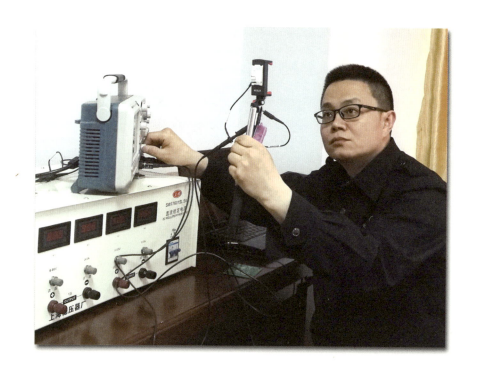

⊙ 孙德英在创新工作室进行电气元件选型测试

成最终系统测试后回去好好补一觉。然而，负责测试的同事发现系统的运行速度极为缓慢，甚至出现了数据无法收发的意外情况。

氛围瞬时紧张起来，众人议论纷纷，开始讨论到底是哪个环节出了差错。"可能是安装环节吧……""也有可能是架设的时候……"站在检测人员身旁的孙德英也微微皱眉，陷入了沉思。

"应该还是网络环路出了问题。"孙德英低声说。众人止住了讨论，一齐看向科长，等待他下一步的指示。考虑到大家工作了一夜，孙德英当即让一部分接下来还要调试门户网站的同事先行休息，其他没有任务的同事则留下继续查找故障点。在进行了多次反复核查之后，他们终于找到了出错的原因，正是孙德英判断的网络环路出了问题。

一夜未合眼，大家早已累得"灵魂出窍"，哈欠连连。看着原本精力充沛的小伙子们个个犹如霜打的茄子，孙德英无奈一笑，马上催促他们回去补觉。听到终于可以下班了，同事们从机房里蜂拥而出。孙德英跟在他们身后出门，却没有一起离开，反而回到了自己的办公室，打开电脑，继续对门户网站界面进行最后的美化修改工作。

同事们经常说，科长工作时就像个铁打的人，好像从来都不会累。虽然这种说法夸张，但论起对待工作的热情与吃苦耐劳的精神，孙德英的确已达到了"超人"境界。

2013年，随着铁路新线开通、班组增加，铁路沿线边远班组的联网工作成为重中之重。为了设计一套合理的施工方案，孙德

⊙ 孙德英在北京铁路局开设的培训班上讲课

英带领科室同事们走访众多边远班组和施工单位，掌握了大量基础数据。在方案起草工作中，他继续发挥"超人"的工作精神，即便深夜要休息了，脑海里也琢磨着方案的实施细节。

有时灵感来了，孙德英便从床上爬起，急匆匆地摸索到电脑旁立刻记录下来。古人诗中的"铁马冰河入梦来"，在孙德英这儿变成了"建设方案入梦来"。经过一个多月夜以继日的钻研，孙德英终于完成了《天津供电段班组无线联网建设方案》的起草工作，方案顺利通过审核。

经过半年多时间的施工，近百公里的通信线缆铺设完成，联网终端开通了120余个，实现了班组联网率100%的目标。孙德英将方案从起草到实施的全部成果进行了总结，为后续的通信工作树立了典范，该成果获得了北京铁路局合理化建议和技术改进优秀成果二等奖，在北京铁路局部分站段推广应用。

在外人看来，铁路信息技术人员的工作往往是枯燥乏味的，他们需要日复一日地面对冰冷的数据和单调的计算机程序。但是，对孙德英而言，小到亲手连接一枚小小的"水晶头"，大到设计全段的无线网络建设方案，他都全情投入，从未有过懈怠。孙德英与同事们并肩奋战在工作的第一线，他既是勤奋的劳动榜样，也是铁路信息"桥梁"的设计师。

烫手山芋

2015年，为了实时掌握变电所的运行情况，孙德英所在的天津供电段决定在管理的所有变电所安装监控设备。管理人员使用视频监控设备，可以远程指挥变电所的值班员进行故障处理，它是安装在铁路沿线的电子"天眼"。不过，由于变电所位置分散，周围没有宽带通道，安装监控设备的计划迟迟未能提上日程。

为解决这一难题，段项目组曾接洽了多个监控设备设计、安装公司，前来洽谈的业务代表个个信心满满，侃侃而谈，他们提供了良好的设计方案，诸如接入光纤、实时传输数据等。不过每家公司的安装报价都超过了项目组的可承受范围，监控设备安装工作无奈再度被搁置。

一次偶然的机会，孙德英听到项目组成员正为此事发愁，对于他这种技术人员来说，和金钱打交道是难事，只有靠技术说话，才能彰显真本领。"虽然我不擅长讨价还价，但只要组织需要，我愿意带领同事们一起琢磨出个新方案。"就这样，孙德英主动请缨，接下了这个"烫手山芋"。

能克服困难的人，可使困难化为良机。在大量的计算与推演后，孙德英带领组员们设计出了一套不同于市场上各公司提供的方案。这套方案中的设备能实现短时数据传输、平时数据当地存储、远程无线传输，不仅功能全面，预计投入使用后还将大大降低运营成本。

2015年的夏天酷热难耐，新闻报道中接连出现"我国气温创历史新高""2015年是全球最热年份"这样的大字标题。在人们只想整天待在空调房里避暑时，孙德英一行人却穿梭在铁路沿线各个变电所之间。他们头顶烈日，行走在铁轨旁，逐一测试着各电信运营商无线通信的信号。热浪滚滚扑面而来，眼前的景色仿佛都扭曲起来，汗水顺着脸颊不停地流淌，正在进行测试工作的孙德英几乎喘不过气来。

"这样下去不行，我们一定完不成任务。"他一边擦汗一边在心里盘算着。

按照目前的进度，若一直保持集体行动，他们必然无法在规定的时间内交工。高温下，长时间的户外工作也会影响同事们的身体健康，孙德英作为组长，决定临时改变工作安排。晚间，他召集组员开会，提出分头行动的计划，这意味着必须有人去更偏僻的测试点工作。

毫不意外，和以往每次外出作业一样，孙德英又选择了最偏僻难行的路线。夏天户外作业，背负设备远行不是最苦的，最难熬的是头上顶着那毒辣的太。在外出测试采集数据的过程中，孙德英日渐黝黑的双臂和晒伤的面颊，成了他最美的勋章。

强将手下无弱兵。酷暑天气也没能影响项目组成员工作的热

⊙ 孙德英（右一）讲解变频谐振高压试验装置的使用方法

情，短短两个星期，测试任务提前完成。随后，孙德英又带领组员立刻进行数据的运算分析。最终的结果令人惊喜，项目组得出了最优速率，并设计出了操作方案，节省的费用高达100余万元，每年能节省下来的通信费也有10余万元。

历经几个月的现场安装调试后，变配电所视频监控系统建设完成，并发挥了远超预期的效果。如果说网络是各个班组间的"桥梁"，那么安装监控设备就像为铁路运行的各路段打开了"天眼"。在每个不被旅客察觉的角落里，都有千千万万个像孙德英一样的铁路基层工作人员在默默守护着，他们各司其职、爱岗敬业、发光发热，是中国铁路最低调的中坚力量。

天空中的"稻草人"

2017年，中央电视台的一则报道引起了天津供电段同人们的关注，报道的主人公是孙德英和他的课题组成员，报道内容围绕课题组对智能驱鸟器的研发过程展开。

每到春季来临，有的鸟儿为了安家四处筑巢，除了林间枝头，高铁接触网也成为它们青睐的地方。一旦有鸟类将窝搭在高铁接触网上，就有可能造成跳闸，导致高铁中断行程。所谓驱鸟器，便是安装在高铁接触网附近的一种智能装置，用以驱赶前来筑巢的鸟儿，宛如天空中的"稻草人"，守护铁路运行安全。

在北方，高铁接触网的鸟害"主角"为喜鹊。它们聪明谨慎，喜好在僻静的高处筑巢，电气化铁路接触网无疑是最为理想的新家选址之一。在喜鹊繁殖的季节，一旦人们强行拆除鸟窝，着急下蛋的喜鹊就会在几天之内快速在原地建起新房。若是被逼急了，它们还会"呼朋引伴"，请来更多喜鹊帮忙，造成更频繁的跳闸现象。

仅在北京铁路局管辖范围内，每年春天高铁接触网附近都会新增两万多个鸟窝，跳闸故障率居高不下，高铁行业苦鸟害久矣。传统的驱鸟器往往采用闪光、发出噪声等方法，喜鹊适应后便不再畏惧，照旧忙碌地筑巢，甚至还会衔来树枝卡住驱鸟器的叶片，阻止其运行。面对如此聪明的对手，研发一款智能"稻草人"势在必行。

知己知彼方能百战百胜，为了解喜鹊搭窝的规律和特点，孙德英及课题组成员查阅大量资料，走访农业大学的鸟类专家，还在鸟害严重区进行了多次实地考察。天上的喜鹊飞来飞去，地上的工作人员紧紧跟随；喜鹊忙得不亦乐乎，大家的记录工作也紧锣密鼓地进行着。

除了对鸟害严重区进行实地考察外，孙德英还测试了既有的多种驱鸟方式，例如闪光、发出噪声等，希望从中找到最佳办法。考虑到传统驱鸟器因为模式单一，频繁使用后效果便大打折扣，孙德英认为，他们所要研制的驱鸟器应当具备多种驱鸟方式，并且各种方式之间要无规律地切换，这样便能让喜鹊"措手不及"。

⊙ 上图　孙德英（左三）讲解多功能驱鸟器的工作原理

⊙ 下图　2019年，有志于从事铁路相关工作的孙浩然（孙德英儿子）考
入兰州交通大学，孙德英（右一）与妻儿在兰州黄河铁桥旁合影

很快，一款集闪光，发出噪声、超声波等多种手段于一体的驱鸟器诞生了。当这款机器工作时，在算法作用下，声光将随机切换，使得喜鹊等鸟类难以适应，纷纷飞离电线，另寻他处。孙德英还为这款驱鸟器设计了弱光太阳能电池板以及红外线感应器，只有鸟类等动物靠近时，机器才会被触发，能够节省电能。

驱鸟器样品制作完成后，为了检测其使用效果，孙德英决定亲身试验。他把驱鸟器带回住所，放在卧室的窗台上。在正常情况下，一旦有人进入卧室，驱鸟器便会被触发并闪光、发出噪声……白天孙德英在单位工作，驱鸟器便在窗台上安静休息；而到了夜里，孙德英回家后，屋里便不时传来各种奇异的声响和刺眼的闪光，热闹极了……

暑假里的一天，妻子和儿子从唐山来天津探望孙德英，一家人许久未见，孙德英一大早便出门去迎接妻儿，走的时候却忘了随手关掉驱鸟器。结果，妻子和儿子回到家中后，妻子一只脚刚迈进卧室门，就受到了驱鸟器的"热烈欢迎"。强烈的闪光照亮卧室，还伴随着嘈杂的声音，把妻子吓得一边尖叫，一边捂着耳朵，跑出了卧室。

到了夜里，孙德英又在鼓捣驱鸟器，为了不吵醒妻儿，他抱着驱鸟器来到了厨房，谁料他一不小心又触发了驱鸟器上的红外线感应器，一声接一声尖锐的啸鸣袭来，划破了宁静的夜色，更惊醒了正在熟睡的妻子和儿子。两人睁开惺忪睡眼，意识到他又在研究驱鸟器，母子二人抱怨道："自己不睡觉也不让别人睡！"

这些经历看似充满趣味,但驱鸟器的研制过程其实充满了艰辛。为了检测驱鸟器发出噪声和超声波的功能,孙德英每次试验时,都要忍受那刺耳的啸鸣。不同于普通的高响度声音,超声波不仅会诱发恶心和呕吐,更让人头痛无比。每次测试结束后,孙德英都会感到恶心乏力,一整天无精打采,吃不下东西。

业精于勤,行成于思。孙德英带队研发的智能驱鸟器最终顺利投入使用,经过测试,使用范围内的高铁接触网故障跳闸次数有了大幅度下降。现在,这种驱鸟器已在供电系统推广应用了四千余台,受到了铁路职工的广泛好评。后来,智能驱鸟器还获得了中国铁道学会科学技术奖。如果将驱鸟器比作天空中的稻草人,那么孙德英和同事们便是高铁事业这片麦田中最为忠实的守护者,他们用智慧播撒了希望,更用汗水收获了丰硕的果实。

十年磨一剑

高铁接触网检修是一项常规而重要的工作。每次检修都在夜间11点至第二天凌晨4点这一没有列车运行的"天窗"①内进行。在作业前,检修人员需要提前申请"天窗"施工计划,并提前几小时熟悉方案,准备所需的材料、工具。按照行业规定,在检修

①指为线路施工预留的时间。

接触网前，检修人员需要确认接触网已经停电，这便需要验电器来检验，一旦验电器鸣响，就意味着接触网尚未断电，则检修人员不能进行作业。

然而，问题偏偏出在了这接触网上。停电后的接触网受周边网线影响，会带有感应电。传统验电器在工作时经常由于感应到周围电压的存在而产生误判。一旦遇到这样的情况，已经在夜里提前几小时准备好的检修工作就泡汤了，不仅浪费了宝贵的"天窗"，更让检修人员白费了辛苦。

国内外电气化铁路的管理人员和工人都深受这一问题的困扰。按照规定，传统接触网验电器在验电时只能接触被验电的物体，不能接地。然而，如果要准确测量接触网上的电压，就必须接地进行测量。这简直是难以化解的矛盾。

唐人贾岛曾留诗作："十年磨一剑，霜刃未曾试。今日把示君，谁有不平事？"诗中的剑客用多年时间铸就一把宝剑，而孙德英也为研制"数字高压验电器"洒下了多年的热血。

2013年，在孙德英创新工作室成立之初，孙德英脑中已有了"数字高压验电器"这一科研课题的大致规划。由于高压电测量并非孙德英最擅长的技术领域，他只能一边补充相关知识，一边四处虚心求教，寻求与专业人士的合作。

然而，各大高校相关专业的研究者都没有在第一时间给予孙德英肯定的答复，原因多为这一课题难度大，耗时长，实际效果未必理想，等等。就在孙德英做好了和工作室成员孤军奋战的打算时，他收到了来自北京交通大学的回复，电气工程学院教授、

⊙ 上图　2015年6月，孙德英（持麦克风者）在北京铁路局创新工作现场会上介绍高铁接触网绝缘子水冲洗机

⊙ 下图　孙德英在现场指导"数字高压验电器"应用改进测试

博士生导师张晓冬决定与孙德英工作室展开合作。

孙德英大喜过望，立刻奔赴北京与张教授面谈。在张教授的启发下，孙德英一改对验电器领域的传统认知，提出了一个全新的想法——应用电场原理，将验电器与接触网之间形成的结构看作一个电容，验电器和接触网分别是这个电容的两极，再通过复杂的计算推导出电位差。采用这种精妙的方式，可以使新型验电器实现不接地定量测量，它与传统验电器截然不同。

为了验证新型验电器的准确性，孙德英把成员分为几个小组，让他们分别选择不同站场、不同高度的接触网进行测试。经过反复测试并综合分析了多组测量数据后，一个不仅能显示接触网上是否带电，还能显示具体电压数值的"数字高压验电器"终于诞生了。

宝剑虽已铸成，却还不锋利。接下来，孙德英还要带领工作室成员不断对设备进行调试，并且收集相关数据。创新的过程总是起伏不定的，每逢攻坚的关键几天，孙德英就要牺牲睡眠时间。看着孙德英发黑的眼圈，同事们经常揶揄他："咱们孙老师都要变成'国宝'了。"

2017年，在孙德英及工作室成员四年的精心打磨后，经过专家评审，"数字高压验电器"得以落地应用，这柄"宝剑"经过磨砺终于变得锋利。同年，"数字高压验电器"接连获得北京铁路局科技进步一等奖、中国铁道学会科学技术奖，孙德英获得国家发明专利证书。这意味着孙德英及其团队多年钻研的科研成果得到了北京铁路局的认可，更说明他带队研发的非接地定量测量电压技术达到了国内领先水平。

剑客悉心打磨自己的宝剑，只为有朝一日名震江湖。接下来的五年中，孙德英团队的主要工作是进一步提高测量精度，进一步提高设备运行效率……无数个"进一步"成为孙德英团队前进的小目标。精益求精地发展"数字高压验电器"技术，使其成为世界一流验电器，是孙德英及工作室成员共同的梦想。

从课题的初步提出到"数字高压验电器"进入实践并且其功能日臻完善，孙德英和他的团队花了近十年时间。在这些年中，设备的测量程序经过了百余次的重编改版，团队对验电器进行了上千次的测试，获得了几十万个测量数据。"数字高压验电器"运行逐渐稳定，这把历经近十年才磨就的利剑，终于以傲视群雄的姿态"示君"了！

老师傅与大学生

2012年，由于孙德英专业技术过硬，创新能力突出，天津供电段决定成立孙德英创新工作室。作为高级工程师的孙德英带领这一技术创新团队，致力于铁路供电领域的接触网及电力设备检修、检测技术研究工作。

在创新工作室成立之初，成员是来自各专业技术科室的技术标兵，人数还不到十人，一切尚未步入正轨。然而，段内发展日新月异，对创新工作的需求逐步加大。课题越来越多，却没有足够多的优秀人才，对于尚未形成规模的工作室，孙德英的内心不是没有迷茫过。

转机出现在2013年，北京铁路局出台了加强科技创新工作的相关政策，给予科研创新工作者极大的扶持，这使孙德英增强了信心。他决定趁此机会，将工作室的规模扩大，吸引更多志同道合的同事来一起搞研究。

为了"招兵买马"，孙德英想了不少点子，工作之余，每天都伏案撰写创新工作室的发展规划和人才流动条例。准备就绪后，孙德英便拿着工作室的宣传材料，奔走于单位的各个科室和车间，拿出了读书时在社团活动中卖力宣讲的架势，向同事们介绍创新工作室。

同事们一开始并不了解孙德英这个"创新工作室"到底是什么来头，有的还打趣道："哟，老孙，进了你的这个工作室，能不能加工资啊？"同事们不了解，孙德英也不气恼，只是耐着性子把工作室的性质和工作内容介绍了一遍又一遍。

在孙德英"三寸不烂之舌"的宣传下，许多有创新想法的同事都对工作室表现出了浓厚兴趣。孙德英创新工作室不仅有灵活的人员流动机制，更依据工作分工的不同设立了接触网、电力、给水三大专业，堪称培育创新人才的沃土。不少技术骨干经过实地考察后都表示出加入创新工作室的意愿。

随着新生力量源源不断加入工作室，搞培训、交任务、做项目，成了孙德英的日常工作。作为经验丰富的"老师傅"，孙德英总是将"百看不如一练"挂在嘴边，他尽可能多地为工作室成员提供实践环境，让培训对象参与到设备设计、故障分析等工作中。在这样周密而科学的培养下，工作室的新人们对整个研发、处理流程有了全面的认知。

2013年，一位名叫芮鹏的大学生申请加入孙德英创新工作室。他刚一走上岗位，便被工作室里温馨轻松的氛围打动，尤其是工作室负责人孙德英给他留下了深刻的印象。

初次见面，孙德英穿着深色上衣，留着平头，戴着眼镜，看起来分外严肃。芮鹏早已听说了创新能人孙德英的大名，因此格外紧张。没想到孙德英待人亲和，向他介绍工作室的职能和环境，更耐心听取他的想法和需求，让初来乍到的芮鹏感受到了前辈的温暖。

更让芮鹏感到惊喜的是，孙德英还在项目组内特批资金为他购置专业书籍与设备，让他专心投入创新项目。深受鼓舞的芮鹏不负众望，很快便撰写出一份有关数字式交流升流装置的报告书。孙德英仔细看过报告后对芮鹏大加称赞，还在会议上直接指定他为项目负责人。芮鹏起初还担忧他不能承担这份重任，孙德英则以自己的经历鼓励他。

"当我还是个初出茅庐的年轻人时，被任命为卢龙电力工区的工作执行人，需要带领十几位资历比我深的老师傅工作，起初我的内心也没底，但很快，我便用实力证明，年龄从来不是限制。小芮，相信你也可以，放心大胆去做。"

听了孙德英的话，芮鹏不再胡思乱想，而是专心做好装置的

◉ 孙德英（右二）带领课题组成员对超低频交流测试装置进行测试

测试工作。虽说孙德英放开了双手，让年轻人独立发展，但他仍旧会密切关注测试的进度，不时给予技术上的指点。"老师傅"和"大学生"这对师徒组合，产生了奇妙的"化学反应"，收获了丰硕的成果。芮鹏的课题成果最终荣获国家级优秀QC（quality control，质量管理）成果奖，他本人荣获北京铁路局先进生产者。

收到获奖消息后，芮鹏激动地致电孙德英，感谢他在项目背后的默默支持。而孙德英只是淡淡地笑着说："我只是尽了作为'引路人'的一份绵薄之力，真正的荣誉属于你！"

在此之后，怀着对科研创新的一腔热情，芮鹏还先后参与完成了设计大型地网电阻测量系统、制作标准电阻试验箱等七项工作，并取得成果，由一名大学毕业生迅速成长为业务骨干，担任变配电检修车间副主任一职。

随着工作室的科研创新环境越发优越，进入孙德英工作室的人数逐年攀升，其中不乏冉冉升起的科研新星，邢坤便是其中之一。同芮鹏一样，邢坤一进入工作室，便干劲儿十足。他向孙德英申报的第一个课题与其曾经的工作经历息息相关。邢坤曾是个普通接触网工，高铁瓷瓶污闪是困扰他工作的一大难题。孙德英协助他申请课题立项，并争取到六万元的科研经费，让他有困难尽管提出来。为了锻炼邢坤的协调能力，孙德英还任命他为"高速铁路接触网零部件探伤仪"课题的负责人。

两年后，邢坤的创新课题圆满收官，新型探伤仪的问世有效解决了机械损伤导致中断供电的疑难问题。邢坤也在创新工作室内"老师傅"的帮助下，完成了大大小小多个项目，成为塘沽供

⊙ 孙德英（前排中间）创新工作室团队合影

⊙ 2021年，孙德英创新工作室荣获"中国铁路党内优质品牌"称号，孙
德英作为代表参加表彰大会

电车间主任，后来也成为从创新工作室走出的经验丰富的"老师傅"。

工作室自成立以来，培养出了一批又一批的创新人才。曾经，他们是像芮鹏一样的大学毕业生、像邢坤一样的青年工人；后来，他们获得了詹天佑铁道科技奖、全路青年科技拔尖人才、局先进工作者、优秀青年工程师、专业技术带头人等奖项、称号。其中，还有十二名工作室骨干成员被选拔到段中层工作岗位，成为名副其实的"懂专业、会管理、能创新"的复合型人才。

"我有嘉宾，鼓瑟吹笙。"几千年前，古人礼贤下士，发出如此诚挚感叹。今天，孙德英亦是怀着求贤若渴的心情，助力国家创新事业发展，将孙德英创作工作室逐渐建设成培养人才的摇篮。2012年至今，工作室累计取得科技创新成果42项，完成局级以上立项重点科研项目17个。"老师傅"与"大学生"正是中国科技发展的前浪与后浪，唯有"前浪"开疆拓土，"后浪"迎头赶上，才能创造中国创新事业源源不断的辉煌。

新上任的"孙大圣"

2020年2月，孙德英调任天津供电段供电检测车间主任，同时兼任孙德英创新工作室负责人。孙德英虽然是电气化专业的业务骨干，但仍是供电检测专业的门外汉。全新的知识领域以及陌生的工作环境，对他的专业技能和管理能力都提出了新的挑战。

接触网设备作为高铁供电系统的枢纽，在使用过程中难免会有老化、损坏等情况出现，除了传统的人工检查外，还有依靠先进设备进行的供电检测。由于这一专业在业内的诞生时间较晚，供电检测车间在专业基础和生产管理上还存在着一些需要磨合与调整的地方。

孙德英走马上任后，首先从学习专业检测知识入手，一边自学，一边与同事交流。通过对供电检测车间的调研、思考，他与车间管理人员一道有计划地制定了改进措施，逐渐完善了检测车间的基础管理体制，车间的工作效率大大提升，有了焕然一新的面貌，同事们也对这位低调务实的新主任刮目相看。

2020年是极具挑战性的一年，这一年中检测分析任务量剧增。为了完成分析任务，同事们不得不经常加班到深夜，而第二天，任务便又堆积成小山一般。孙德英作为领导，看在眼中急在心里，如何最快地解决眼前的问题，减轻同事们的负担，成了他最关心的问题。

为了找到破局的关键，孙德英与一线员工一起工作，在与他们共同处理问题的过程中，他逐渐理清了思路，并提出"合理调配，改进流程"的工作思路。在他的合理调配与指导下，虽然2020年的检测工作困难重重，但是工作效率仍旧不断提高。数据显示，在这一年中，孙德英带领车间共计完成6C检测179643公里、接触网检测数据分析214157公里，发现接触网设备缺陷9384

⊙ 上图　2020年，孙德英参加北京国际城市轨道交通展览会暨高峰论
　坛，发表"高铁接触网智能检测技术"主题演讲
⊙ 下图　孙德英（右二）带领课题组成员改进高铁接触网综合巡检装置

处，高效保障了高铁的运行安全。所谓6C，简单来说就是高速铁路供电安全检测监测系统，其中包括高速弓网综合检测装置（CPCM）、接触网安全巡检装置（CCVM）、车载接触网运行状态检测装置（CCLM）、接触网悬挂状态检测监测装置（CCHM）、受电弓滑板监测装置（CPVM）和接触网及供电设备地面监测装置（CCGM）。

知之者不如好之者，好之者不如乐之者。许多人将工作视为必须完成的任务，孙德英则将工作当作发现问题、解决问题的过程，并在其中获得无限乐趣。从进入供电检测车间开始，孙德英便致力于发现当前工作的不足，进而竭力革新。

很快，他便发现了问题——传统的检测分析倾向于寻找缺陷，却不重视对原因的分析。经过一段时间的筹备，孙德英提出了一套全新的综合分析方案。检测人员采用该方案，不仅能快速寻找缺陷，更能进一步分析缺陷产生的原因。该方案为检测人员的工作提供了极大便利，为高铁安全运行上了一把高效的"智能安全锁"。

2021年4月，在日常分析数据过程中，孙德英在津秦高铁的检测数据中发现了异常。这将导致受电弓等设备受到影响，引发行车安全问题。孙德英不敢有一丝大意，立刻组织分析人员检查波形数据，再运用综合分析方案进行多项测量数据的对比分析。

很快，故障原因便被发现了——一处平腕臂的瓷质绝缘子曾发生故障，工人将其更换为较长的复合绝缘子，由于材质和长短不同，因此定位点导高发生明显变化。"千里之堤，溃于蚁穴。"更换一个小小的绝缘子竟能造成后续如此巨大的影响。如果不是运用孙德英提出的综合分析法，不知道还要耗费多少人力物力才能解决问题，孙德英本人也因此受到段表扬奖励。

其实，在孙德英到任供电检测车间之前，同事们便已经对他的科技创新能力有所耳闻。经过一段时间的共事，同事们送给孙德英一个贴切的昵称——"孙大圣"，似乎没有什么事情是他做不到的。

除了提出全新的数据分析策略，孙德英还带领同事们进行了大量的创新工作，解决了许多业务难题：为了提高鸟害防治准确率，孙德英带头设计了接触网鸟害智能分析系统，该系统在投入使用后，仅三个月时间就发现了鸟窝四千余处，查找效率和准确率大大高于人工分析；为了解决检测盲区问题，孙德英设计了接触网顶部图像采集装置，使得铁路接触网顶部巡检再也不受死角问题困扰，降低了一线工作人员蹬杆作业的风险，提高了检修效率……

除了依靠创新工作室的力量开展科研外，孙德英还积极与各大院校展开合作。4C吊弦检测数据智能分析平台就是在孙德英创新工作室与院校的通力合作下诞生的全新平台，借助计算机图像识别功能和人工智能技术，极大提升了接触网4C吊弦缺陷检测的工作效率。该成果已通过北京局集团①的技术评审，达到了国内领先水平；2022年获得了中国铁道学会科学技术奖。

———————————

①2017年，北京铁路局更名为中国铁路北京局集团有限公司。

积极发现问题、解决问题是每一位像孙德英一样的科研工作者毕生的使命。在连续申请了多项课题，完成了多个新系统与多种高科技设备的设计与研制后，孙德英也没有忽略工作实践。他常常带领人员到各条高铁线路进行接触网检测分析，津秦高铁、京津城际铁路、津霸客专等线路上都曾留下他们的身影。

孙德英只有周末才能从天津乘火车回到位于唐山的家中休息。工作三十余年，他过了足足二十多年两地通勤的生活。这一条条铁路不仅是孙德英工作的重心，更是他回家旅途中最可靠的"朋友"。

作为高级工程师、供电段检测车间主任、创新工作室的负责人，孙德英身兼多职，又面面俱到。他的专业技能扎实，创新技能卓越，具有极强的责任心和观察能力，总能第一时间发现问题，解决问题。奋战在铁路相关岗位上三十余年，他的身上有着一种永不止步的精神，他既是同事心中无所不能的"孙大圣"，又是天津供电段冉冉升起的"科技明星"。

⊙ 参加工作32年，在天津、唐山两地间通勤23年。孙德英在河北唐山站
前留影

结语：永远走在前进的路上

从1990年7月参加工作至今，孙德英从一名铁路电力工人成长为一名高级工程师、全国五一劳动奖章获得者。三十多年来，他取得的二十多项科技、管理成果获得省部级及以上奖励，撰写的三十多篇论文在国内核心期刊发表。他本人更是多次获得北京铁路局"优秀青年工程师"、北京局集团"先进工作者"、铁道部"青年科技拔尖人才"、"铁路专业技术带头人"等荣誉称号。2016年，孙德英负责的创新工作室被北京市总工会授予"职工创新工作室"的称号，同年被中华全国铁路总工会评选为"火车头劳模和工匠人才创新工作室"，2021年更是获得"中国铁路党内优质品牌"称号。

面对既往的荣誉，孙德英曾写下了这样一段肺腑之言：

认真做好本职工作是我最起码的职责。如果说我取得了一点点成绩，我想这跟领导、组织对我的关心、支持，以及给我提供的平台分不开，是各级组织给我提供了展示能力的机会；如果说我取得了一点点成绩，我想这是跟周围同志们

⊙ 2018年，孙德英在北京参加全国工匠劳模会议

的帮助分不开的，是他们在我最需要的时候，伸出了援助之手；如果说我取得了一点点成绩，这是跟家人的理解分不开的，是他们承担起家庭的重担，让我无后顾之忧。我所取得的每一点成绩、每一项荣誉，都离不开领导、家人对我的关心、支持，离不开组织的培养、爱护，离不开同志们的配合、帮助。

在孙德英看来，他所取得的成绩离不开组织的培养、同志们的帮助和家人的理解。在旁人眼中，孙德英的成就与他自身的努力密不可分：一位出身乡野的自强少年，经过多年寒窗苦读，成为一名电气自动化专业的中专生；此后，又凭借脚踏实地、勤劳肯干的品质成为一名优秀的铁路电力工人；后来，通过坚持不懈的学习与钻研，成为一名高级工程师，在科技创新的道路上屡创佳绩。孙德英不仅是劳动模范，更是励志典范。

一路走来，孙德英的道路并不是平坦的，他经历过贫穷、苦难与挫折，然而，他的身上有着一种难能可贵的品质，那便是"天行健，君子以自强不息"的奋进精神。孙德英将人生的蜿蜒小路走成了宽阔坦途，也为我们树立了一个鲜活的楷模形象。他让我们相信，一个常怀进取之心的人，注定永远走在前进的路上！